图解
电动自行车
维修一本通

张新德 等 编著

化学工业出版社
·北京·

内容简介

本书采用彩色图解的方式，全面系统地介绍了电动自行车（包括电单车、电摩车、电三轮车）的维修技能，主要内容包括电动自行车维修的基础知识、元器件的识别与检测、电动自行车的工作原理、维保工具、维修方法和技能、各种机型的典型故障维修案例、日常维护保养及维修技术资料，突出新型双模智能电动自行车的维修和养护技能。本书遵循从零基础到技能提高的梯度学习模式，注重维修知识与实践相结合，彩色图解重点突出，对重要知识点附以视频讲解，以提高学习效率，达到学以致用、举一反三的目的。

本书适合电动自行车维修保养人员、销售人员及使用人员学习使用。

图书在版编目（CIP）数据

图解电动自行车维修一本通 / 张新德等编著. —北京：化学工业出版社，2021.8（2024.11重印）
ISBN 978-7-122-39270-1

Ⅰ.①图… Ⅱ.①张… Ⅲ.①电动自行车-维修-图解 Ⅳ.① U484.07-64

中国版本图书馆 CIP 数据核字（2021）第 104145 号

责任编辑：徐卿华　李军亮　　　　　　　文字编辑：赵　越　师明远
责任校对：王素芹　　　　　　　　　　　装帧设计：关　飞

出版发行：化学工业出版社（北京市东城区青年湖南街13号　邮政编码100011）
印　　装：北京瑞禾彩色印刷有限公司
710mm×1000mm　1/16　印张14　字数270千字　2024年11月北京第1版第8次印刷

购书咨询：010-64518888　　　　　　　售后服务：010-64518899
网　　址：http://www.cip.com.cn
凡购买本书，如有缺损质量问题，本社销售中心负责调换。

定　　价：68.00元　　　　　　　　　　　　　　　　　　　版权所有　违者必究

前言

目前，电动单车（电动摩托车）特别是双模智能化电动自行车普及率已很高，为出行提供了极大方便，物流电动三轮车成为电子商务物流的标配。电动自行车使用量非常大，其维修、保养的工作量非常大，需要更多的维修和保养人员熟练掌握电动自行车的维修和保养技术。为此，我们组织编写了本书，以满足广大电动自行车维保人员的需要，能够给电动自行车维保人员、电动自行车企业的内培员工和售后维保人员提供帮助。

全书采用彩色图解和实物操作演练的形式（书中插入了关键安装维修操作的小视频，扫描书中二维码直接在手机上观看），希望能给读者提供一个全新的学习体验，快速掌握新型电动自行车的维修保养知识和技能。

全书在内容的安排上，以电动自行车的器件为基础、以新型全直流智能电动自行车的结构组成和工作原理为重点、以维修技能为核心进行介绍，内容全面系统，着重实修演练，重点突出，形式新颖，图文并茂。配合视频讲解，使读者的学习体验更好，方便学后进行实修和保养操作。

本书所测数据，如未作特殊说明，均为采用 MF47 型指针式万用表和 DT9205A 型数字万用表测得。为方便读者查询对照，本书所用符号遵循厂家实物标注（各厂家标注不完全一样），不作国标统一。

本书由张新德等编著，刘淑华参加了部分内容的编写及插图和文字录入工作，同时张利平、张云坤、张泽宁等在资料收集、实物拍摄、图片处理方面提供了支持。

由于水平所限，书中疏漏之处在所难免，恳请读者批评指正。

编著者

目 录

第一章 电动自行车维修预备知识 /1

第一节 蓄电池……………………………………………………1
第二节 控制器……………………………………………………3
第三节 轮胎………………………………………………………6
第四节 轮毂电动机………………………………………………8
第五节 霍尔传感器………………………………………………9
第六节 制动………………………………………………………11
第七节 电单(摩)车技术参数……………………………………13

第二章 电单(摩)车常用器件检测 /15

第一节 场效应管的检测…………………………………………15
第二节 开关变压器的检测………………………………………19
第三节 控制器的检测……………………………………………20
第四节 电动机的检测……………………………………………21
　　一、无刷电动机的检测………………………………………21
　　二、刹把的检测………………………………………………22
　　三、转把的检测………………………………………………23
第五节 蓄电池的检测……………………………………………23

第三章　电单（摩）车的结构原理　/25

第一节　外观及功能……25
第二节　结构组成……27
　　一、车架……27
　　二、蓄电池……27
　　三、控制器……30
　　四、电动机……34
　　五、仪表盘……36
　　六、线束接插件……37
　　七、电动三轮车组成……39
第三节　工作原理……40
　　一、二轮电动车工作原理……42
　　二、三轮电动车工作原理……43
　　三、蓄电池……44
　　四、电源电路……47
　　五、MCU 电路……47
　　六、限流和过流检测电路……48
　　七、制动信号电路……49
　　八、霍尔信号检测电路……49
　　九、转把调速电路……50
　　十、有刷/无刷控制电路……50
　　十一、有刷电动机……53
　　十二、无刷电动机……53

第四章　电单（摩）车维修工具　/55

第一节　通用工具……55
　　一、电烙铁……55
　　二、万用表……56
第二节　专用工具……61

一、修车宝 …………………………………………………… 61
二、扒胎器 …………………………………………………… 63
三、多功能拉马 ……………………………………………… 63
四、压线钳 …………………………………………………… 66

第五章　电单（摩）车维修方法和维修技能　/69

第一节　维修方法 ………………………………………………… 69
　　一、有刷电动车不能启动 …………………………………… 69
　　二、电动车时转时停，不能正常行驶 ……………………… 69
　　三、打开电门锁后，转动调速手柄电动机不转 …………… 70
　　四、打开电门锁开关，指示灯亮，但电动机不转 ………… 71
　　五、电动自行车负重时，电动机电刷下面出现火花，且负
　　　　载增大时，火花也随之增大 …………………………… 71
　　六、蓄电池突然无电压输出 ………………………………… 71
第二节　维修技能 ………………………………………………… 72
　　一、电动车手柄转动不灵活 ………………………………… 72
　　二、电动车喇叭不响 ………………………………………… 72
　　三、电动车前照灯不发光 …………………………………… 73
　　四、电动车运行时出现较大噪声 …………………………… 75
　　五、快速判断电门锁好坏 …………………………………… 75
　　六、快速判断蓄电池好坏 …………………………………… 75
　　七、快速判断无刷控制器好坏 ……………………………… 76
　　八、快速判断有刷控制器好坏 ……………………………… 78
　　九、快速判断无刷电动机好坏 ……………………………… 78
　　十、快速判断有刷电动机好坏 ……………………………… 79
第三节　更换转把霍尔元件 ……………………………………… 80
第四节　更换控制器 ……………………………………………… 80
第五节　更换电动机转子 ………………………………………… 81
第六节　改装碟刹 ………………………………………………… 83
第七节　更换电动机霍尔元件 …………………………………… 86
第八节　拆装电动车 ……………………………………………… 91

一、轮胎的拆装步骤……………………………………………………91
二、轮毂电动机的拆装…………………………………………………96
三、轮毂电动机的安装…………………………………………………99
四、控制器的拆装………………………………………………………101
五、液压前叉的拆装……………………………………………………102

第六章　电单（摩）车故障维修案例　/105

第一节　雅迪电动车故障维修……………………………………………105
　　一、故障现象：雅迪 68V 电动车仪表能显示，但不能
　　　　启动…………………………………………………………105
　　二、故障现象：雅迪 68V 直流无刷电动自行车转动转把车子
　　　　不走……………………………………………………………106
　　三、故障现象：雅迪充电器（SP330B）充电时间较短………107
　　四、故障现象：雅迪电动车不能调速…………………………108
　　五、故障现象：雅迪电动车打开电门锁仪表显示正常，但转
　　　　动转把车轮不动，过一会儿又能转动，行驶一段路程后
　　　　车轮又不动了………………………………………………109
　　六、故障现象：雅迪电动车灯不亮，喇叭也不响……………110
　　七、故障现象：雅迪电动车上坡或载重时电动机不转………111
　　八、故障现象：雅迪电动车通电后不能充电…………………111
　　九、故障现象：雅迪电动车转动转把，车子不走……………113
第二节　台铃电动车故障维修……………………………………………114
　　一、故障现象：台铃 60V/20A·h 电动车充电后骑行不久
　　　　就提示电量不足……………………………………………114
　　二、故障现象：台铃 60V/20A·h 电动车充电时，充电器
　　　　指示灯不亮…………………………………………………115
　　三、故障现象：台铃 60V/20A·h 电动车打开电门锁后能
　　　　启动，但走几米后就不能动了……………………………116
　　四、故障现象：台铃电动车一充电指示灯就变绿灯，但提示
　　　　电量不足……………………………………………………117
　　五、故障现象：台铃电动车仪表显示正常，但电动机不转……118

第三节 爱玛电动车故障维修 ·······································119
一、故障现象：爱玛电动车按喇叭电表就急速下降，且打开前照灯时两个转向灯会微弱发亮 ···················119
二、故障现象：爱玛电动车充电器不能充电 ···············119
三、故障现象：爱玛电动车充电器充满电后红灯不灭 ·········120
四、故障现象：爱玛电动车充电器充满电后红灯不灭 ·········122
五、故障现象：爱玛电动车打开电源锁后电动机不转 ·········122
六、故障现象：爱玛电动车电动机时转时停 ···············123
七、故障现象：爱玛电动车平坦路面能正常行驶，但在颠簸路面，电动机就不转，行驶速度指示灯不亮，其他灯均亮 ·····124
八、故障现象：爱玛电动自行车（通用型）电源灯和车灯都不亮，按喇叭也不响 ···························125
九、故障现象：爱玛电动自行车电动机转速变慢 ···········126
十、故障现象：爱玛电动自行车转动转把车子不走 ·········127

第四节 新日电动车故障维修 ·······································128
一、故障现象：新日电动车（通用型）通电后仪表显示正常，但不能调速 ·································128
二、故障现象：新日电动车充电时发出爆炸声 ·············128
三、故障现象：新日电动车打开电门锁后，整车无电 ·······129
四、故障现象：新日电动车电动机不转 ···················130
五、故障现象：新日电动车前照灯不亮 ···················131
六、故障现象：新日电动车时走时停 ·····················132
七、故障现象：新日电动车行驶正常，但前照灯、转向灯、喇叭不工作 ·································133
八、故障现象：新日电动车蓄电池充不上电或充不足电 ·····134
九、故障现象：新日电动车仪表显示和灯光均正常，但电动机不工作 ·································135

第五节 绿源电动车故障维修 ·······································136
一、故障现象：绿源电动车充电时红灯一直不变绿灯 ·······136
二、故障现象：绿源电动车充电时间短 ···················137
三、故障现象：绿源电动车打开电门锁后，电动机不转 ·····138
四、故障现象：绿源电动车打开电门锁后，仪表板无电量

　　　　显示，车辆不能启动……………………………………………139
　　五、故障现象：绿源电动车电动机转动不停……………………………140
　　六、故障现象：绿源电动车电动机转速慢………………………………140
　　七、故障现象：绿源电动车有电量显示，但不能启动，偶尔
　　　　能启动，也时转时停…………………………………………………141
第六节　立马电动车故障维修………………………………………………142
　　一、故障现象：立马电动车拔掉钥匙后，仪表盘仍亮…………………142
　　二、故障现象：立马电动车不能充电……………………………………143
　　三、故障现象：立马电动车能正常行走，但仪表灯具、喇叭
　　　　都不工作………………………………………………………………144
　　四、故障现象：立马电动车打开电源锁后，转动转把后车速
　　　　慢，且无力……………………………………………………………146
　　五、故障现象：立马电动车电动机无力，耗电量大，续行能
　　　　力明显缩短……………………………………………………………147
　　六、故障现象：立马电动自行车打开电门锁，转动调速手柄，
　　　　电动机不转……………………………………………………………148
第七节　其他品牌电动车故障维修…………………………………………148
　　一、故障现象：澳柯玛电动车打开电源开关，仪表灯亮，但
　　　　转调速手柄，电动机不转……………………………………………148
　　二、故障现象：澳柯玛电动车刚开始时电动机断断续续时转
　　　　时不转，后变为电动机不转…………………………………………149
　　三、故障现象：比德文电动车充电时充电器指示灯亮已显示
　　　　充满电，但蓄电池充不上电…………………………………………150
　　四、故障现象：比德文电动车打开电门锁后，灯光、喇叭都
　　　　亮，但车子有电却不走………………………………………………151
　　五、故障现象：比德文电动车电动机振动、运转不连贯、
　　　　无力……………………………………………………………………151
　　六、故障现象：比德文电动车指示灯不亮，电动机不转………………152
　　七、故障现象：洪都达丽雅电动车充不进电……………………………153
　　八、故障现象：洪都达丽雅电动车打开电源锁后不走，车轮
　　　　转不动…………………………………………………………………154
　　九、故障现象：洪都达丽雅电动车电动机噪声大………………………155
　　十、故障现象：洪都达丽雅电动车喇叭不响……………………………156

十一、故障现象：捷安特电动车在骑行过程中，电动机时转时停，不能正常行驶……………………………………156

十二、故障现象：欧派电动自行车电动机不转……………157

十三、故障现象：小刀电动车（48V 无刷控制器）打开电源锁，旋动转把，整车不工作…………………………158

十四、故障现象：雅马哈凌燕 36V 有刷有齿电动车，起步感觉动力明显不足，速度也不快………………………159

第八节　电动三轮车故障维修………………………………160

一、故障现象：淮海电动三轮车整车有电，但电动机不转……160

二、故障现象：金彭电动三轮车不能倒车，但前进正常……161

三、故障现象：宗申电动三轮车电动机不转，但车灯、喇叭、转把均正常……………………………………………162

四、故障现象：宗申电动三轮车行驶过程中突然不走，且仪表也无显示………………………………………………162

五、故障现象：宗申电动三轮车起步无力…………………164

六、故障现象：某电动三轮车整车无电……………………165

七、故障现象：某电动三轮车整车有电，电动机不转……166

八、故障现象：某电动三轮车有电不走……………………166

九、故障现象：某牌电动三轮车空转正常，拉重就不走…166

十、故障现象：某电动三轮车电动机转但输出力矩小，火花大…………………………………………………………167

第七章　电单（摩）车的维护保养　/169

一、日常养护…………………………………………………169

二、定期保养…………………………………………………172

三、专项保养…………………………………………………174

附录一　电动自行车主要芯片技术资料　/179

附录二　电动自行车场效应管及霍尔元件技术参数　/211

第一章

电动自行车维修预备知识

蓄电池

电动自行车（俗称电单车，文中称电动车）、电动摩托车（俗称电摩车）、电动三轮车（三轮电摩车）使用的蓄电池主要有铅酸蓄电池组（电摩车使用）和锂离子蓄电池，如图 1-1 所示，其中铅酸蓄电池居多。不过，随着我国环境保护力度的加强，由于铅酸蓄电池对环境的影响较大，在电动车中使用更多的环保蓄电池将成为未来发展的趋势。

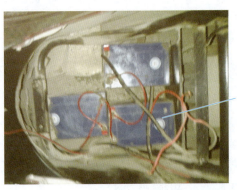

图 1-1　电动车铅酸蓄电池和锂离子蓄电池

电动车使用的铅酸蓄电池通常是多个单体蓄电池串联而成（如图1-2所示），以提高电动车的供电电压。铅酸蓄电池的单体电压一般为12V，它又是由6个蓄电池格串联而成，每一格为2V，6格就是12V。例如电动车常用的单块蓄电池型号为：6-DZM-12，6是指蓄电池的格数，每格2V，6×2V=12V；DZM是指电力车、助力车用免维护蓄电池，取三个名称的第一个字电、助、免的第一个拼音字母组成型号缩写DZM；12是指蓄电池的额定容量为12A·h（安·时）。

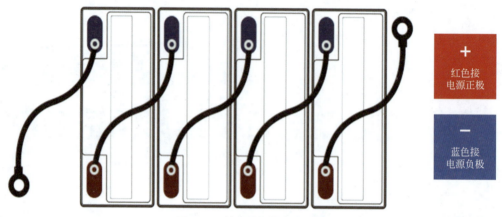

图1-2 多个单体蓄电池串联

蓄电池容量一般用安时数来表示，安时数代表蓄电池容量的大小。蓄电池的额定容量是指25℃，以恒定电流放电20h至终止电压（1.75V/单格），该电流的20倍即为蓄电池的额定容量。一般用A·h（中文读作安时）数代表蓄电池的额定容量，也可用C_n表示，n指几小时放电率，这里为20，则额定容量为C_{20}。有些蓄电池是以10h放电率计算的，用C_{10}表示。例如：100A·h/12V的蓄电池额定容量是指该蓄电池以5A（也可表示放电率为$0.05C$或$0.05C_{20}$，C_{20}为蓄电池容量，20往往省略，$0.05C$是通过5A÷100A·h=$0.05C$计算而来，5A是用容量0.05倍的放电电流I_c=0.05×100A=5A计算得来）的电流恒定放电直至终止电压10.5V（1.75V×6=10.5V），可连续放电20h。

铅酸蓄电池给电动车提供电源的过程如图1-3所示。

其反应式为：

正极：$PbO_2 + 4H^+ + SO_4^{2-} + 2e^- \Longrightarrow PbSO_4 + 2H_2O$

负极：$Pb + SO_4^{2-} - 2e^- \Longrightarrow PbSO_4$

总反应：$PbO_2 + Pb + 2H_2SO_4 \Longrightarrow 2PbSO_4 + 2H_2O$

在反应式中，向右反应是放电，向左反应是充电。

锂蓄电池的充放电原理就是锂离子在正负极间的迁移，在充放电过程中，锂离子处于从正极→负极→正极的运动状态，如图1-4所示。

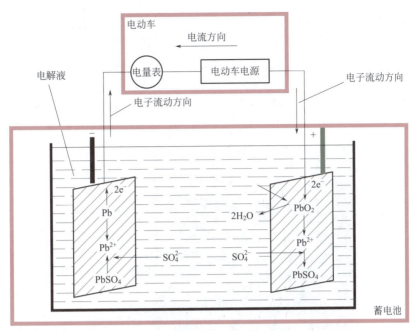

图 1-3　铅酸蓄电池给电动车提供电源的过程

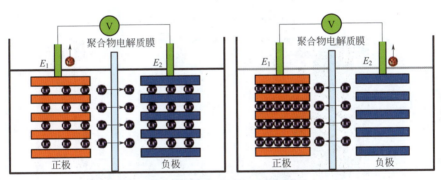

图 1-4　锂蓄电池充放电原理

第二节　控制器

控制器是电动车的核心，它是电动车的指挥控制中心，控制器负责控制电动车的蓄电池充放电、电动机的驱动和停止、仪表盘的显示、报警器的指令执行、左右闸把的信号处理及其他设备的驱动和信息反馈处理。电动车控制器主要分为有刷控制器（图 1-5 所示为电动三轮车有刷电动机控制器）和无刷控制器（如图 1-6 所示，又称为智能无刷电动机控制器）两种，有刷控制器控制用于有刷电动机的电动车，无刷控制器控制用于无刷电动机的电动车。其中有刷控制器是早期的电动车控制器，目前的电动车控制器大多是无刷控制器，但电动三轮车采用有刷控制器的较多。因为无刷控制器相对有刷控制器有更多的优势，不用电刷，故障率低等。

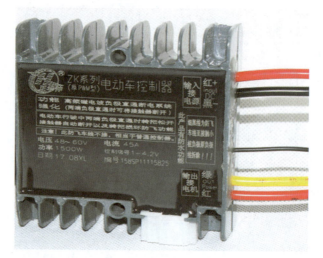

图 1-5　有刷控制器外形

图 1-6　无刷控制器外形

有刷控制器与无刷控制器的区别在外观上就可以看出来，无刷控制器的外接线较多，而有刷控制器外接线较小（有刷控制器接电动机的线为 2 根线，无刷控制器接电动机的线为 3+5 根线），也就是说相对简单。但有刷控制器的功率可以做得更大，所以在电动三轮车中有刷控制器还在用。

无刷控制器的种类很多，按相位角度的不同可分为 60° 和 120° 两种，目前有种新型的控制器可兼容 60°和 120°相位角；按电压的不同可分为 36V、48V、64V、72V 等电压的控制器，而新型控制器则是某个电压范围的控制器，也就是说，蓄电池电压在其范围内（而不是某个电压）都可以正常工作，这样控制器的适用范围更广。

有刷控制器原理相对简单些，没有专门的单片机，而是采用 PWM 主控芯片（如 LM339、TL494 等电压比较器）来调整功率开关的导通比从而调整输出电压，达到调速的目的。相关结构框图如图 1-7 所示。

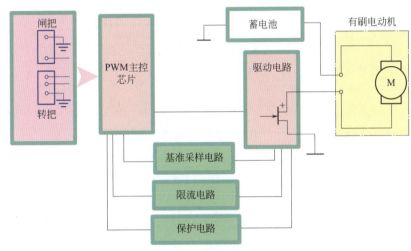

图 1-7　有刷控制器结构框图

无刷控制器相对较为复杂，其核心控制元件为单片机，主要由单片机、驱动电路、滤波电容、MOS 功率管、开关电源等组成。相关实物及结构框图如图 1-8 所示。

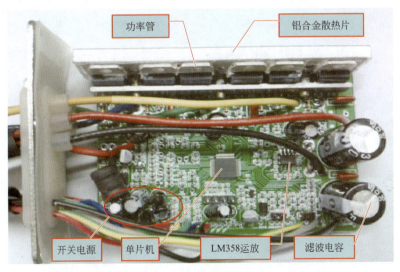

图 1-8

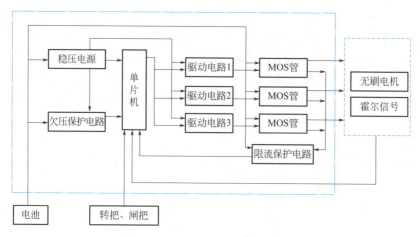

图 1-8 无刷控制器实物及结构框图

第三节 轮胎

电动车的轮胎分为普通胎（TUBE TYPE，如图 1-9 所示）和真空胎（TUBELESS，如图 1-10 所示）两种，普通胎需要安装内胎，真空胎不需要安装内胎。目前大多数电动车采用真空胎。原车采用普通胎的电动车，若改用真空胎则需要检查钢圈的气密性是否良好，原车是真空胎电动车，若增加内胎改为普通胎使用则是可以的。是普通胎还是真空胎，主要看其上面表示轮胎类型的英文标识是 TYPE 还是 LESS。

图 1-9 普通胎

图 1-10 真空胎

电动车的轮胎上有很多标识和参数,作为一名电动车维保人员一定要能看懂这些标识和参数的含义。电动车轮胎标识与参数的含义如图 1-11 所示。其中生产日期是一个很重要的参数,若新胎出厂 5 年了还未使用,其橡胶的强度就会大打折扣,因为 5 年之后不管使用与否,轮胎的橡胶已开始老化。

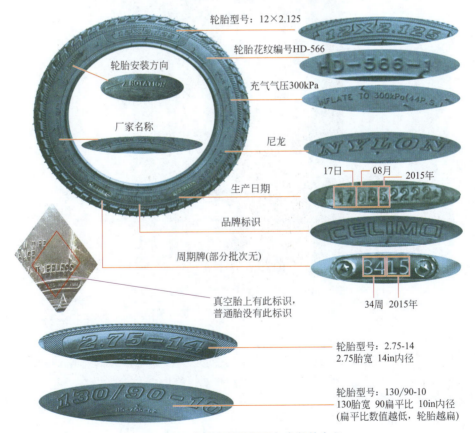

图 1-11 电动车轮胎标识与参数的含义

第四节 轮毂电动机

在电动车中,将轮毂与电动机合并在一起的电动机称为轮毂电动机,它是将轮毂做成了电动机的定子(定子上的磁钢固定在轮毂内圈,实际是转动的),轴与线圈做成了电动机的转子(实际是转子与轮轴固定在一起,不转动的),固定了转子,反过来,电动机转动时就驱动了定子转动,也就是驱动了轮毂转动。图1-12所示为无刷轮毂电动机实物分解图。无刷轮毂电动机是转子不动,定子转动,驱动电动车运行。

图1-12 无刷轮毂电动机实物分解图

与无刷电动机相反,有刷轮毂电动机上的定子、炭刷、磁钢与轮轴固定在一起,组成电动机的定子,它是固定不动的,线圈、换向器与轮毂做在一起,组成转子。定子不转,转子转动,驱动电动车运行。图1-13所示为有刷轮毂电动机实物分解图。

提示

无刷轮毂电动机定子跟轮毂做在一起,它的定子动,转子不动,跟常见的电动机相反;有刷轮毂电动机的转子跟轮毂做在一起,它的定子不动,转子动,跟常见的电动机相同。

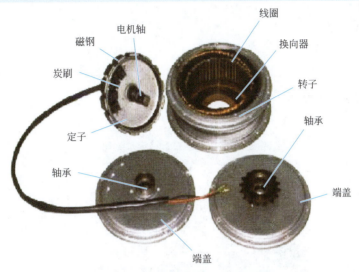

图 1-13　有刷轮毂电动机实物分解图

霍尔传感器

霍尔传感器(图 1-14 所示为电动车常用霍尔元件)是一个磁体控制单元,在电动机里主要用来根据定子磁体的位置来控制转子线圈电流的方向。我们知道,在有刷电动机中,通过换向器来改变电流的方向,它是机械换向,存在磨损和电刷消耗。而无刷电动机不是采用机械换向而是采用电子换向,也就是说采用控制器内部不同的功率管输出不同方向的电流到电动机线圈,从而达到改变电流方向的目的。但是在换向之前,控制器的单片机必须要知道转子所处的位置,才能知道什么时候开始换向,这就要用到霍尔传感器,图 1-15 所示为无刷电动机上的霍尔传感器,三个霍尔传感器安装在一起,便于三相依次检测和电动机以更快的速度启动。霍尔传感器的最高耐温可达到 150℃,所以,可以直接安装在电动机内部,不会受到电动机高温的影响。

在电动车中用到霍尔传感器的不光是电动机,在转把中也经常用到(如图 1-16 所示)。

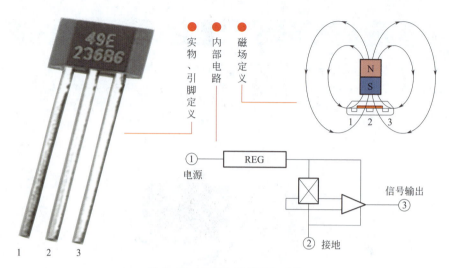

图 1-14　电动车常用霍尔元件

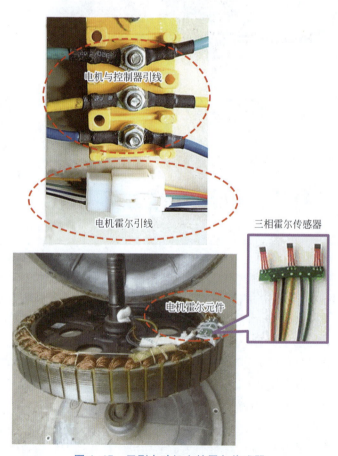

图 1-15　无刷电动机上的霍尔传感器

图 1-16 转把中采用的霍尔传感器

第六节 制动

电动车的制动通常有抱制动（俗称抱刹、抱闸，图 1-17 所示为其结构与实物图）、鼓制动（俗称鼓刹、鼓闸，图 1-18 所示为其结构与实物图）、胀制动（俗称胀刹、胀闸，图 1-19 所示为其结构与实物图）和碟制动（俗称盘刹、碟闸，图 1-20 所示为其结构与实物图）四种，早期的产品抱制动、鼓制动和胀制动的较多，新型电动车大多采用碟制动。鼓制动是刹车块从里面两边同时往外面推到刹车盘内圈，达到挤紧内圈而制动的目的，胀制动是刹车块从里面单边往外面胀紧，挤紧刹车盘内圈，从而达到制动的目的，鼓制动和胀制动统称为毂制动。而碟制动则是通过卡钳钳住碟片，从而达到制动的目的。其中，鼓制动与胀制动的原理基本相似，只是鼓制动比胀制动要粗糙些，力量较大，多用于三轮电动车。抱制动力量最小，多用于电动自行车。碟制动准确快速力量大，多用于电动摩托车。

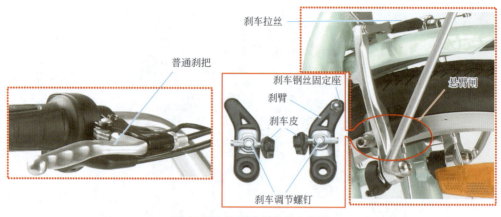

图 1-17 抱制动结构与实物图

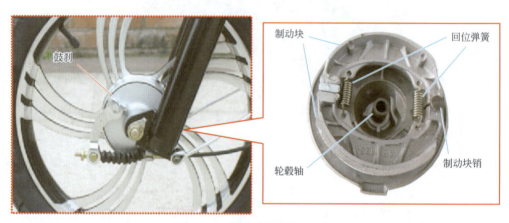

图 1-18 鼓制动结构与实物图

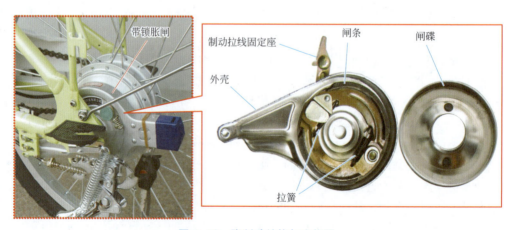

图 1-19 胀制动结构与实物图

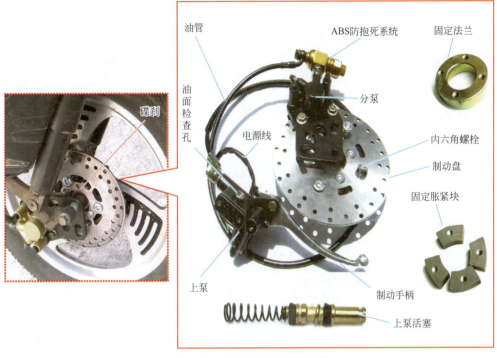

图 1-20 碟制动结构与实物图

不管是哪一种制动，电动车在行驶过程中，按下制动刹把时，刹把将制动信号通过信号线送入控制器中，控制器收到制动信号立即发出断开电动车电动机供电的指令，电动机失电，停止驱动力。同时手握制动把手后，通过制动拉索，将制动力传到上面的制动机构，电动车轮毂减速或停止转动，从而实现减速或停车的功能。

第七节　电单（摩）车技术参数

电动车的技术参数主要包括型号、3C 认证、整车质量、蓄电池、最高时速、制动方式、续航量程和最大功率等，这些参数是划分电动自行车和电动摩托车（二轮、三轮）的主要指标，也是标识电动车技术质量的关键指标。常用电动车技术参数如图 1-21 所示。

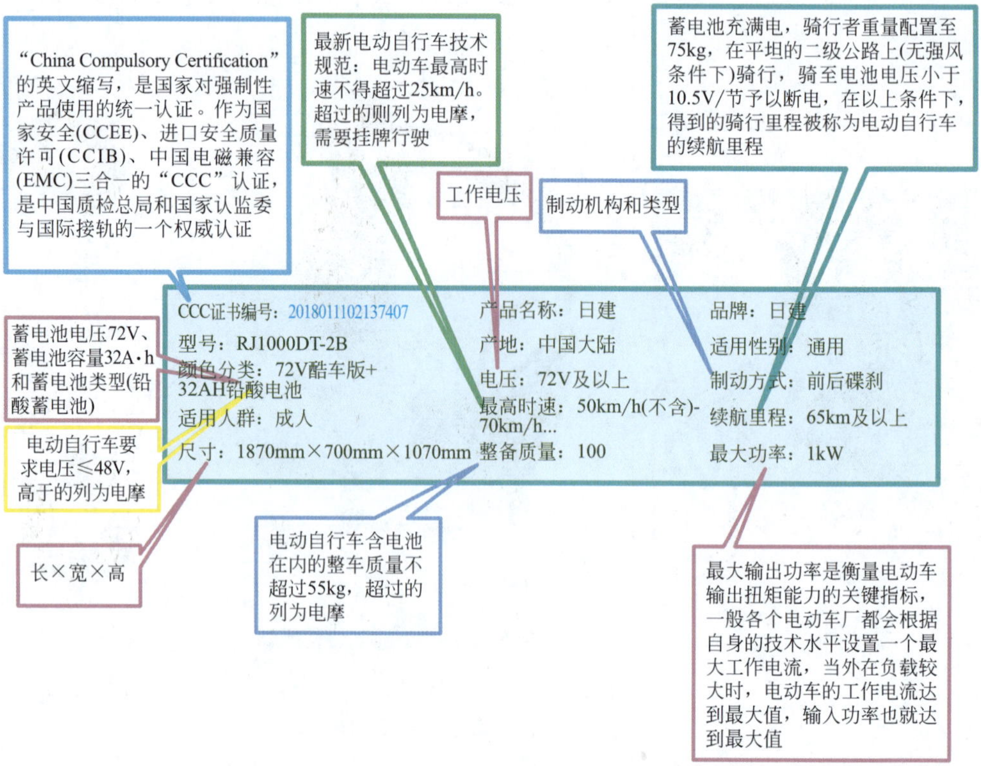

"China Compulsory Certification"的英文缩写,是国家对强制性产品使用的统一认证。作为国家安全(CCEE)、进口安全质量许可(CCIB)、中国电磁兼容(EMC)三合一的"CCC"认证,是中国质检总局和国家认监委与国际接轨的一个权威认证

最新电动自行车技术规范:电动车最高时速不得超过25km/h。超过的则列为电摩,需要挂牌行驶

蓄电池充满电,骑行者重量配置至75kg,在平坦的二级公路上(无强风条件下)骑行,骑至电池电压小于10.5V/节予以断电,在以上条件下,得到的骑行里程被称为电动自行车的续航里程

工作电压

制动机构和类型

蓄电池电压72V、蓄电池容量32A·h和蓄电池类型(铅酸蓄电池)

电动自行车要求电压≤48V,高于的列为电摩

CCC证书编号:2018011102137407	产品名称:日建	品牌:日建
型号:RJ1000DT-2B	产地:中国大陆	适用性别:通用
颜色分类:72V酷车版+32AH铅酸电池	电压:72V及以上	制动方式:前后碟刹
适用人群:成人	最高时速:50km/h(不含)-70km/h...	续航里程:65km及以上
尺寸:1870mm×700mm×1070mm	整备质量:100	最大功率:1kW

长×宽×高

电动自行车含电池在内的整车质量不超过55kg,超过的列为电摩

最大输出功率是衡量电动车输出扭矩能力的关键指标,一般各个电动车厂都会根据自身的技术水平设置一个最大工作电流,当外在负载较大时,电动车的工作电流达到最大值,输入功率也就达到最大值

图 1-21　电动车的技术参数

第二章

电单(摩)车常用器件检测

第一节 场效应管的检测

场效应管(如图 2-1 所示)在电动车的控制器中应用得较多,其电极分别为栅极 G、漏极 D、源极 S。通常将场效应管分为 N 沟道和 P 沟道两种类型,其中场效应管又可分为增强型和耗尽型两种,图 2-2 所示为两种场效应管的电路符号和标注。与三极管一样,场效应管在电路图中用字母 VT 和 V 表示。

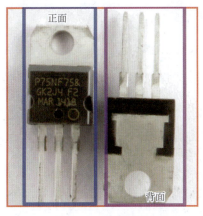

图 2-1 场效应管

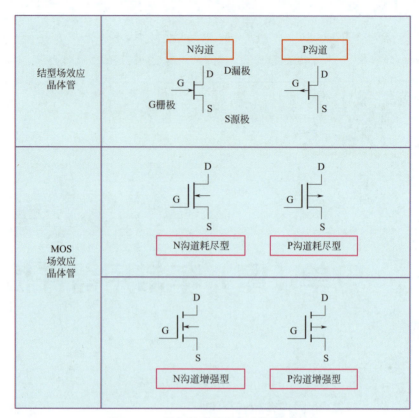

图 2-2 两种场效应管的电路符号和标注

场效应管是电压驱动型器件，只要在栅极 G 和源级 S 之间给一个适当的电压，源极 S 和漏极 D 之间导电通路就形成。场效应管在电动车控制器电路中常用作驱动功率管，其工作状态是：开通过程 → 导通状态 → 关断过程 → 截止状态 → 击穿状态。

简单来说，电动车的电动机是靠场效应管的输出电流来驱动的，输出电流越大（为了防止过流烧坏场效应管，控制器有限流保护），电动机的扭矩就越大，加速就有力。

 提示

电动自行车上常用的 MOS 管主要有小管（TO-220 封装）和大管（TO-247 封装）两种形式。常用的 MOS 管有 UC 系列、IR 系列、MC 系列、AN 系列、LM 系列等。目前电动车控制器使用较为典型的规格型号有 1010E、P75NF08A、T430、K3435B、P75NF75 等。场效应管的选用直接决定了控制器的发热问题，一般来讲，P75NF75 的性能参数最适合电动车控制器应用。

首先观察场效应管，看待测场效应管是否损坏，有无烧焦或针脚断裂等情况，图 2-3 所示为控制器场效应管。如果有则是场效应管损坏，如果待测场效应管外观没有问题，则可使用万用表对其进行检测。检测分非在路和在路两种方法。

场效应管

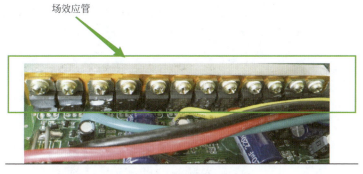

图2-3 控制器场效应管

判断三极管和
场效应管

（1）非在路检测场效应管

① 将场效应管从控制板中卸下，并清洁场效应管的引脚去除引脚上的污物。

② 使用镊子将场效应管的3只引脚短接放电处理。

③ 将数字万用表拨至二极管挡，黑表笔接"D"；红表笔分别去测"G"和"S"，阻抗均应为"OL"（读数显示"OL"不变），如图2-4所示。

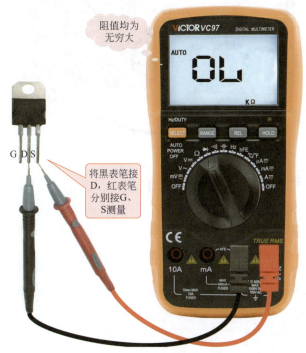

图2-4 检测场效应管示意图（1）

④ 若读数不为"OL"，则为漏电。

⑤ 若为"0"，则已击穿短路。

⑥ 交换表笔，即用红表笔接"D"；黑表笔分别去测"G"和"S"。当黑表笔测到"G"极时，阻抗为"OL"；测到"S"极时，读数显示为500Ω左右，说明被测管是P沟道场效应管，而且是好管，如图2-5所示。

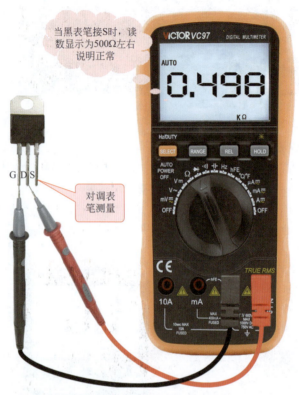

图2-5　检测场效应管示意图（2）

⑦ 若阻抗低于该值很多，例如在300Ω左右则为性能不良，安装在控制板上会在通电后发烫，使用寿命也不会很长。

⑧ 对于N沟道场效应管，只需调换两个表笔，测试和判断与上述操作方法相同。

（2）在路检测场效应管　以检测电动自行车控制器场效应管为例。检测前需要先卸下控制器的外壳，在控制器接通电源的情况下对电路板上的场效应管进行检测，具体操作步骤如下。

① 将数字万用表拨在二极管挡，用两支表笔去测量控制器主板上的场效应管。

② 用红表笔接"D"；黑表笔分别去测"G"和"S"，其阻抗均从数百欧逐渐跳变至1kΩ以上不再变化（主板上的电容器充电所致）。

③ 对换两表笔继续测量，当测到"G"时，读数从数百欧逐渐跳变至1kΩ以

上不再变化；测到"S"时，读数先是从数欧逐渐跳变至500Ω左右不再变化，同时听到蜂鸣器短暂的蜂鸣声，这时，所测管即为N沟道MOS管，而且是好管。

④ 如果阻抗在300Ω左右则性能不良，将在使用过程中严重发烫，随时有损坏的可能性。

⑤ 对于P沟道MOS管，只需调换两个表笔，测试和判断与上述操作方法相同。

第二节 开关变压器的检测

开关变压器主要应用在电动车的充电器中，开关变压器与普通变压器不同，开关变压器是高频变压器，它跨接在开关电源的强电与弱电之间。图2-6所示为某充电器开关变压器实物图。

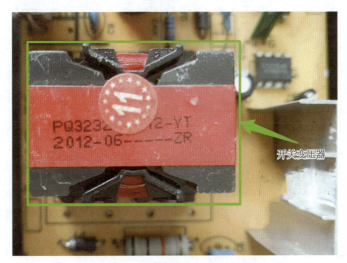

图2-6 某充电器开关变压器实物图

检测开关变压器，先观察开关变压器的焊点与外观是否正常，有没有烧焦变色的痕迹；若没有，则进一步检测开关变压器绕组是否烧断开路或存在匝间短路，其检测方法是检测开关变压器的一次侧和二次侧绕组的电阻值是否正常，若出现阻值为无穷大或0，则说明开关变压器损坏。若以上检测均正常，则检测开关变压器各绕组与铁芯之间的绝缘电阻是否在2MΩ以上，若阻值偏低，则说明开关变压器绝缘不良。

第三节 控制器的检测

控制器是电动车的核心,检测控制器用专用的修车宝,方法是:将电动车控制器与修车宝各出线连接好(如图2-7所示),即控制器的三根相线与修车宝的控制器相线相连,控制器的霍尔线与修车宝的霍尔线相连,断开控制器其他连接插接器。

用修车宝检测控制器

图2-7 将电动车控制器与修车宝各出线连接好

打开控制器的电门锁电源(不要打开修车宝上的电源开关),观看修车宝上的"控制器5V"灯是否点亮,如果不亮则说明控制器没有5V输出,控制器存在故障,如果"控制器5V"灯有规律地闪烁,则说明控制器供电电路是正常的。将控制器连接转把线,顺时针转动转把,观察修车宝上Q1~Q6是否交替闪亮,如果均不亮,说明控制器已经损坏,如果有一组灯不亮,则说明控制器上与灯对应的相线没有输出,重点检查控制器上的场效应管是否损坏;如果三组灯交替闪烁,则看其亮度是否随转把转动而有所变化,如果有变化则说明控制器正常,如果没有变化则说明控制器的控制部分已局部损坏。

第四节 电动机的检测

电动车有刷直流电动机相对无刷直流电动机要简单,因为有刷电动机只有两根进线,线路简单。由于有刷电动机反过来就是发电机,转动电动机,用万用表电压挡测量电动机进线,电动机就有电压输出(如图2-8所示),若电动机无电压或电压极低,则可能是电动机存在短路故障。

检测有刷直流电动机

图2-8 检测有刷电动机

另外,可通过转动有刷电动机感知电磁阻力来判断该电动机是否正常,逆时针转动有刷电动机,如果转动比较费劲,说明该电动机是有刷的且电动机炭刷和电动机基本正常;如果顺时针和逆时针转动电动机是一样的轻松,不费劲,则说明该电动机的炭刷磨损严重或电动机线、炭刷接触不良;如果顺时针和逆时针转动电动机均费劲,则说明电动机绕组可能存在短路,应进一步用摇表检测各绕组;短接电动机两根进线,再转动电动机,若电磁阻力与电动机进线开路时增加不明显,则说明电动机内部绕组存在短路故障。

一、无刷电动机的检测

检测电动车无刷电动机就是检测电动车的驱动电动机,如二轮电动车的轮毂电动机、三轮电动车的驱动电动机。无刷电动机有8根线,即3根相线和5根霍尔线(如图2-9所示),检测无刷电动机是否正常,主要是检测3根相线之间的电阻是否正常,5根霍尔线

用修车宝检测电动机霍尔元件

之间的电阻是否正常，建议用修车宝进行检测。

5根霍尔线　　3根相线

图2-9　无刷电动机3根相线和5根霍尔线

> **提示**
>
> 无刷电动机利用霍尔换向功能可增加电动机锁，当控制器检测到电动机推动产生电流时，控制器立即控制霍尔换向产生反向转动力，从而将电动机锁死，防止小偷推车偷盗。

二、刹把的检测

测量刹把时，只将鳄鱼夹的红、黑两个夹子夹住刹把的红黑线即可测量（没有黑线的，黑表笔接地），对于机械刹把，扳动刹把，若转刹把灯由不亮转为亮，则说明刹把正常，且为常开刹把；若扳动刹把，转刹把灯由亮变灭，说明刹把正常，且为常闭刹把。也可用万用表直接检测刹把，其检测方法如图2-10所示。

对于电子刹把，因其有三根线，可将电子刹把的红线接修车宝鳄鱼夹的红线，黑线接修车宝鳄鱼夹的黑线，霍尔线接修车宝鳄鱼夹的绿线，扳动刹把，转刹把指示灯由亮到灭，则说明刹把正常，且为高电位刹把。扳动刹把，转刹把指示灯由灭到亮，也说明刹把正常，且为低电位刹把。现在很多控制器设置了高低电位自动转换功能，所以对于高电位刹把（有的为12V高电平）和低电位刹把均可自动适用。

图 2-10 用万用表检测刹把

三、转把的检测

电动车转把有三根线,一根信号线,两根电源线,内置霍尔管。用手转动转把,用万用表测量转把信号线对地的电压,正常电压一般在 0.8～4.2V 范围内变化。也可采用修车宝检测转把内的霍尔元件是否正常。

用修车宝检测转把霍尔元件

蓄电池的检测

检测电动车的蓄电池可采用专用的蓄电池检测仪,其检测方法如下。

① 将测试仪(测试之前先调零)的两夹子夹到蓄电池的正负两极上,这时指示灯亮(灯亮一边的夹子端为蓄电池的正极),电压表指示蓄电池电压,此时为虚电压(空载电压)。

② 灯不亮或电压表指针不动,要检查测试仪夹子与蓄电池极柱是否接触良好。

③ 扭动钮子开关,时间不得超过 10s,对蓄电池进行超大电流放电(例如容量为 3～500A·h 的蓄电池,其超大放电电流为 100～120A,此时检测仪以 100A 的大电流进行放电),检测仪发热,其指针向左偏移,根据偏移位置判断蓄电池的电量状况和好坏。

a. 指针在绿区表示电量充足。
b. 指针在黄区且指针稳定表示电量不足，需充电。
c. 指针向左回落快，表示蓄电池已不存电。
d. 指针回零，表示蓄电池可能断路。
e. 指针在红区表示蓄电池电量很低，蓄电池可能有缺陷。如图2-11所示为检测电动车蓄电池的好坏。所以检测时，只要指针不是快速回零或不稳定，则说明蓄电池基本正常。指针在绿区最好，在黄区表示电量偏弱，在红区表示电量极低。给蓄电池充电，该检测仪同时可检测充电器是否正常，若指针打在充电绿区，表示充电器是正常的，指针打在红区表示充电器不太正常。

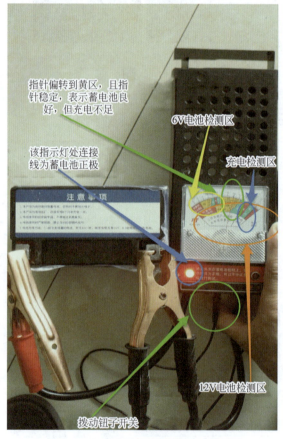

图2-11 检测电动车蓄电池的好坏

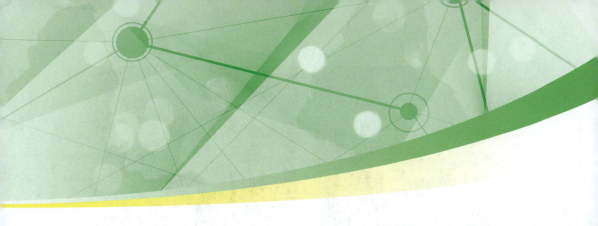

第三章

电单（摩）车的结构原理

外观及功能

电动自行车（如图 3-1 所示）、电动摩托车（如图 3-2 所示）、电动三轮车（如图 3-3 所示），其功能均是骑行或载人搭物。

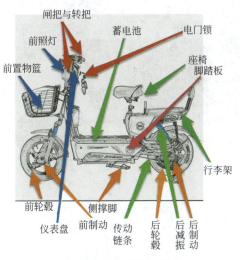

图 3-1　电动自行车

 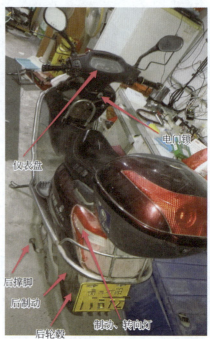

图 3-2 电动摩托车

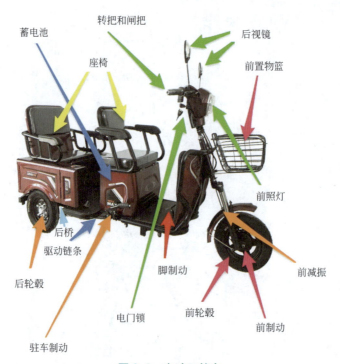

图 3-3 电动三轮车

第二节 结构组成

电动车主要由车架、控制器、蓄电池、电动机、仪表转把、线束、后桥（电动三轮车组件）等组成，其中控制器、蓄电池、电动机称为电动车的三大件。高档电动三轮车不是采用链条驱动，而是采用驱动电动机直接驱动，舍弃了链条，驱动电动机与后桥合成一体。图3-4所示为驱动电动机与后桥合成一体的电动三轮车后桥。

图 3-4 驱动电动机与后桥合成一体的电动三轮车后桥

一、车架

车架是整车的安全核心，车架强度或制作精度不良会严重影响使用。由于电动车类型、车架材料、厂家、型号不同，其整车结构也会不同，图3-5所示为二轮电动车典型车架实物。

二、蓄电池

蓄电池是电动车的动力源，不同类

图 3-5 二轮电动车车架

型的电动车采用不同容量的蓄电池(如图3-6所示),电动自行车采用锂离子蓄电池(如图3-7所示)的较多,电动摩托车、电动三轮车采用铅酸蓄电池组(如图3-8所示)的较多。蓄电池是电动自行车的核心部件,接受充电器的电能,储存起来最终通过电动机将电能输出,其输出受控于控制器。

图3-6 不同类型的电动车采用不同容量的蓄电池

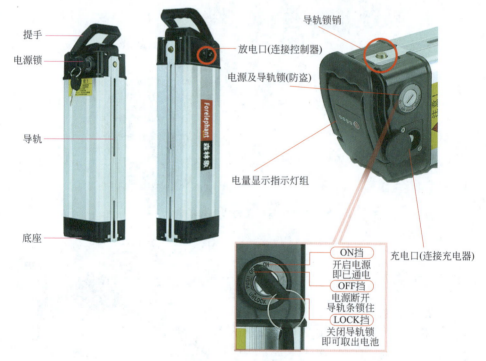

图3-7 锂离子蓄电池

从蓄电池的型号可以看出其用途和电参数(如图3-9所示),相同容量的蓄电池串联之后,其容量(安·时)仍然是单个蓄电池的容量,但电压是多个蓄电池的总和。由于电动三轮车需要更大的容量,所以电动三轮车的单个蓄电池容量更大,图3-10所示为电动三轮车的60V/58A·h蓄电池组。

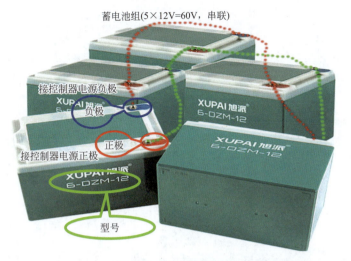

图 3-8　铅酸蓄电池组

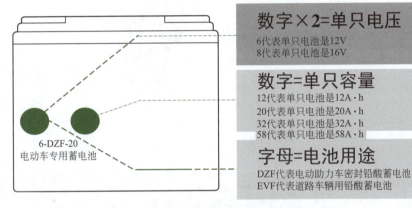

图 3-9　从蓄电池的型号可以看其用途和电参数

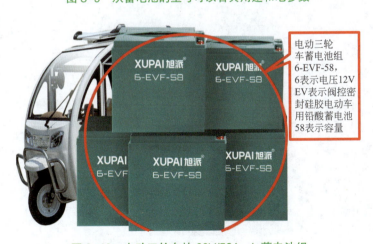

图 3-10　电动三轮车的 60V/58A·h 蓄电池组

三、控制器

不管是电动自行车、电动摩托车还是电动三轮车，都需要控制器进行控制。控制器主要分为两类，一类是有刷电动机控制器（如图 3-11 所示）；另一类是无刷电动机控制器（如图 3-12 所示）。区别是有刷电动机控制器还是无刷电动机控制器除了看控制器上的标识外，若标识损毁，则可看控制器输出到电动机的线是几根，有刷电动机控制器输出到电动机的线只有 2 根，而无刷电动机控制器输出到电动机的线有 8 根（3 根相线、5 根霍尔线）。

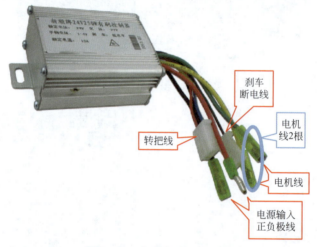

图 3-11　有刷电动机控制器

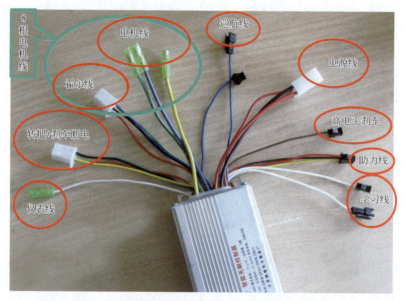

图 3-12　无刷电动机控制器

无刷控制器看起来线束很多，比较复杂，其实只要理清控制器与各大件的连接线，就不难掌握控制器的线束关系。控制器的输入/输出线分两大类：一类是电源、动力线，如电源（含电门锁）、电动机线；另一类是控制线，如转把线、刹把线、学习线、仪表线、报警器线等。图3-13所示为无刷控制器线束。

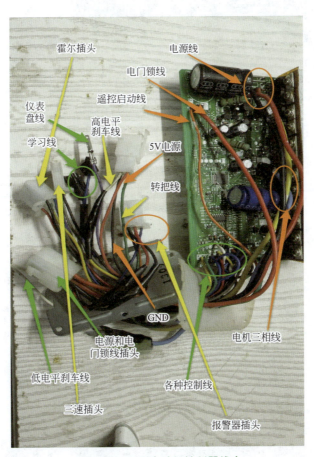

图3-13　无刷电动机控制器线束

有刷电动机控制器是用来控制采用有刷电动机的电动车，无刷电动机控制器是用来控制采用无刷电动机的电动车。

典型的有刷电动机控制器电路主要由运算放大器（或）、推动管（一般是两个对管）和功率开关管（一般为一个或多个场效应管）等组成，如图3-14所示。通过场效应管开关管调节直流电压的占空比来调整输入到有刷电动机的供电电压，开关速度快，输出电压就高，电动机转动快，开关速度慢，输出电压低，电动机转动慢，从而达到调速的目的。图3-15所示为电动三轮车有刷电动机控制器。有刷控制器接线相对简单，两根进线，两根出线，还有两根转把线。有些有刷控制器相对复杂一点，就是增加了充电线、刹把线和电门锁线，如图3-16所示。

图 3-14 典型有刷电动机控制器电路

图 3-15 电动三轮车有刷电动机控制器

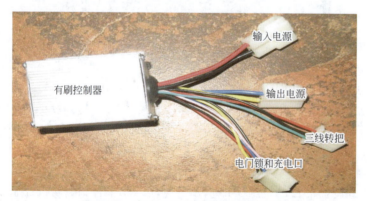

图 3-16 电动二轮车有刷电动机控制器

无刷电动机控制器电路相对复杂，典型的无刷电动机控制器电路主要由单片机（内置存储器）、驱动管（驱动场效应管开关管）、运算放大器（接收各控制器件送来的信号并反馈到单片机）、场效应开关管组（通常讲多少管的控制器就是指多少场效应管）等组成。图3-17所示为无刷电动机控制器电路组成。

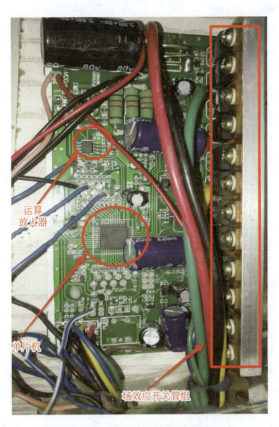

图3-17　无刷电动机控制器电路组成

 提示

不管是有刷电动机还是无刷电动机，其适用的电动机类别、电压范围、额定功率大小、相位角、刹车电平应与电动机、充电器相匹配。否则不能正常使用，甚至烧坏电动机。

新型双模控制器则更先进，无论电动机是60°还是120°相位角、刹车电平是高电平还是低电平均可适用，称为双模控制器（图3-18所示为双模控制器铭牌参数）。采用双模控制器的电动车，无论其电动机是60°还是120°相位角，均可适用。

产品名称：无刷双模控制器	品　　牌：南服
额定功率：1500W	额定电压：48V-60V-72V
功 率 管：30管	相位角度：120°
转把电压：0.8～3.6V	刹车电平：高电平、低电平
环境温度：-20～50℃	冷却方式：自然风冷
防护等级：IP55	产品售后：质保一年
产品功能：欠压保护、超压保护、飞车保护、高温保护、防盗警报、堵转保护、三挡(空挡、倒车、前进)、软硬启动、刹车断电功能、双模智能识别无需调相位	

图 3-18　双模控制器铭牌参数

四、电动机

电动机是驱动电动车的动力，是电动车的关键部件。有刷电动机组成如图 3-19 所示，电动车的电动机分为有刷电动机和无刷电动机两大类，有刷电动机就是利用电刷换向的直流电动机，只有两根进线，通过电刷、换向器将直流电源进行换向，从而驱动电动机转子旋转；无刷电动机组成如图 3-20 所示，无刷电动机没有电刷，它是通过安装在电动机内部的霍尔元件检测转子的位置，并将转子的位置反馈到无刷控制器，通过无刷控制器的场效应开关管将输入电流进行换向，它是利用控制器来换向的。并且无刷电动机输入电源有三根相线，通过控制器改变三根相线的电流方向来改变电动机的磁场，驱动转子旋转。还有三根霍尔信号线和两根霍尔供电线，用来检测电动机转子和定子的相对位置，所以无刷电动机共有 8 根进线。由于有刷电动机机械磨损较大，目前应用得较多的是无刷电动机。本书以无刷电动机为重点进行介绍。

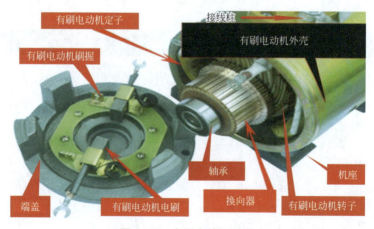

图 3-19　有刷电动机组成

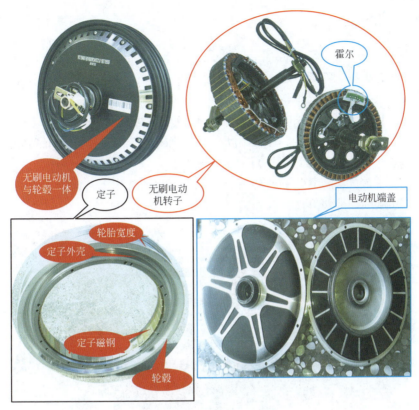

图 3-20　无刷电动机组成

另外，电动助力车除电动机外还可人力助动，电动机也是采用无刷电动机的较多，在电动机的内部还带有助力齿轮，如图 3-21 所示。通过脚踏和链条将人力传到电动机内部的助力齿轮，助力齿轮驱动电动机转子旋转，从而达到助力的作用。

图 3-21　助力齿轮

五、仪表盘

仪表盘是一种多信息显示平台,也是人车交互平台。它是将电动车电动机状态、速度状态、蓄电池组状态、行驶信息、制动信息、转向信息、报警信息等显示给驾驶人,以反映出电动车当前的状态和操作指令信息。

电动车仪表盘的组成如图3-22所示。该仪表盘可显示单次里程、总里程、行车时间、蓄电池电压、电量、环境温度、行车速度、左右转向、前照灯状态、行车挡位等信息,主要由表盘前面、背面电路板和接口线束组成。电路板上有LCD驱动芯片、运算放大器和速度校准可变电位器等,接口线束上有仪表盘供电电源线、转向线、速度线和前照灯显示线等。

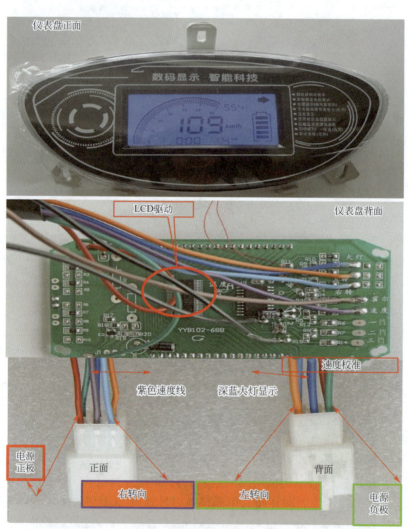

图3-22 电动车仪表盘的组成

六、线束接插件

电动车线束接插件较多,如空中对插接器(图 3-23 所示,又称公母端子)、牛鼻子接插件(如图 3-24 所示)、牛鼻子接线盒(如图 3-25 所示)、子弹头接线插件(如图 3-26 所示,又称圆头圆孔端子)、公母插簧(图 3-27 所示为电动车常用的 2.8、4.8 和 6.3 插簧)等,接插件是连接控制器与蓄电池、电动机、仪表盘、转闸把的重要插接器件(电动车各类接插件如图 3-28 所示)。

图 3-23 空中对插接器

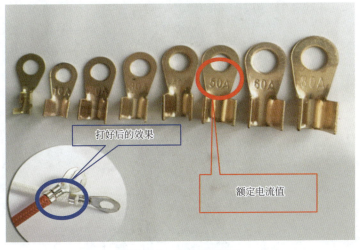

图 3-24 牛鼻子接插件

图 3-25 牛鼻子接线盒

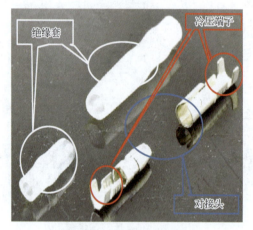

图 3-26 子弹头接线插件

2.8、4.8、6.3是指插簧的外径分别为2.8mm、4.8mm、6.3mm

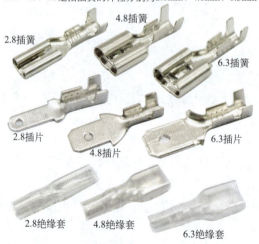

图 3-27 电动车常用的 2.8、4.8 和 6.3 插簧

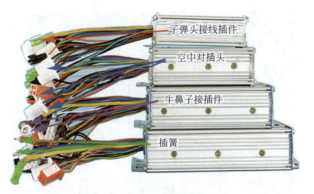

自制冷压
端子连接线

图 3-28　电动车各类接插件

> **提示**
>
> 电动车更换控制器时，需要更换接插件，改变插针的顺序，所以维修人员一定要熟练掌握各类接插件的冷压接线方法和改针操作技能。

七、电动三轮车组成

电动三轮车与二轮车类似，也有控制器、仪表盘、转把、闸把、驱动电动机、蓄电池等，不同的是驱动电动机不是直接驱动轮胎，而是通过驱动后桥（链条驱动或齿轮驱动），由后桥带动后轮驱动前进。其他控制器、转把、闸把、蓄电池与二轮电动车没有多大区别，只是电动三轮车的蓄电池、电动机、控制器的功率比二轮电动车要大一些，因为三轮车比二轮车的负载要大很多。

电动三轮车有采用有刷电动机链条驱动方式的，如图 3-29 所示，也有采用无刷电动机齿轮驱动方式的，如图 3-30 所示。

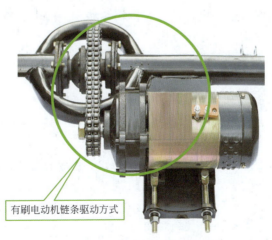

有刷电动机链条驱动方式

图 3-29　采用有刷电动机链条驱动方式

图3-30 采用无刷电动机齿轮驱动方式

除上述结构组成与电动二轮车明显不同之外，其他的结构组成与电动二轮车类似，也是由蓄电池、控制器、转把、闸把和仪表盘等组成。

第三节　工作原理

电动车的工作原理较为简单，蓄电池提供电能到控制器，控制器输出驱动电源到驱动电动机，二轮电动车大多采用电动机与轮毂为一体的结构，电动机转动，轮毂就转动，从而驱动电动车前进或倒退；三轮电动车大多采用电动机与后桥齿轮为一体的结构，电动机转动，后桥就转动，从而由后轮驱动电动车前行或倒退。

控制器同时要处理来自转把、闸把、报警器、仪表盘、电动机反馈电路的信号，同时将这些信号输出到转向灯、制动机构、报警器声光及锁定机构、仪表盘的显示及指示机构和电动机转动机构。图3-31所示为有刷电动机及无刷电动机控制器信号处理框图，从该框图可看出有刷控制器与无刷控制器工作原理的明显区别。

充电器是用来给蓄电池补充能量的部件，充电器采用开关电源将市电电压降为充电电压给蓄电池充电，同时检测蓄电池的电量大小，当蓄电池的电量基本饱和时，充电器自动改为涓流充电，当蓄电池电量完全饱和时，充电器则停止充电，充电指示灯变为绿色，表示充电已满。

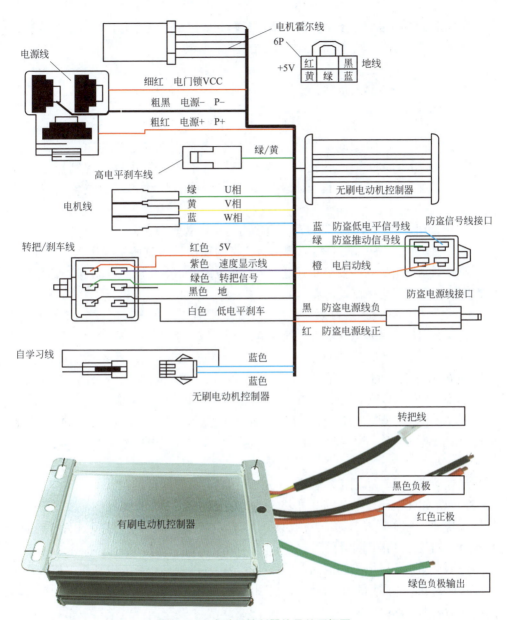

图 3-31 电动机控制器信号处理框图

电动机是电动车的动力源，有刷电动机通过电刷和换向器将直流电送到电动机的转子线圈，转子线圈产生旋转磁场，与定子的磁钢相互作用，从而推动转子旋转，因为定子是固定在车架上的，所以转子旋转，转子将动力通过链条或齿轮传送到驱动轮上。无刷电动机将来自控制器的U、V、W三相输入方波交流电源送到电动机的转子线圈，由控制器控制U、V、W三相电源的大小和方向，从而产生不同大小的旋转磁场，旋转磁场与定子的固定磁钢相互作用，推动定子旋转（因为电动车是固定了电动机的转子轴，转子不能旋转，所以定子就会旋转，也就是轮毂旋转），定子与轮胎为一体，定子旋转，轮胎自然就旋转。

一、二轮电动车工作原理

二轮电动车的工作原理如下。

① 当准备骑车行驶之前，锁匙打开电源锁，控制器得电进入待机状态。

② 当使用者转动调速转把时，调速信号通过输出引线送往控制器中，控制器根据接收到的信号强弱作出相应的反应，输出驱动和控制电动机旋转的信号。

③ 电动机旋转并带动后轮转动，电动自行车启动上路。

④ 在行驶过程中，按下刹把时，刹把将制动信号通过信号线送入控制器中，控制器收到制动信号立即发出断开电动自行车电源的指令，同时电动自行车后轮中的抱闸动作，实现机械制动。

⑤ 电动机的转速通过仪表显示出当前的行驶速度。仪表又能反馈出蓄电池的电量，告之用户使用充电器给蓄电池充电。

⑥ 具体驱动原理是：对于采用无刷电动机的电动车，首先控制器要根据电动机霍尔感应到的电动机转子目前所在位置，然后依照定子绕组决定开启或关闭控制器中MOSFET管的顺序，上臂MOSFET管（包括AH、BH、CH）及下臂MOSFET管（包括AL、BL、CL）使电流依序流经电动机线圈产生顺向或逆向旋转磁场，并与转子的磁铁相互作用，如此就能使电动机顺时/逆时针转动。

当电动机转子转动到霍尔感应出另一组信号的位置时，控制器又再开启下一组MOSFET，如此循环，电动机就可以依同一方向继续转动，直到控制器决定要电动机转子停止，则关闭功率晶体管或只开下臂MOSFET管、若要电动机转子反向，则MOSFET管开启顺序相反。

有刷电动机通过电刷和换向器的作用完成上述的换向。有刷电动机工作时，线圈和换向器旋转，磁钢和电刷不转，线圈电流方向的交替变化，是靠随电动机转动的换向器和电刷来完成的。

无刷电动机则是通过位置传感器的作用来完成上述的换向。无刷电动机是由控制器提供不同电流方向的直流电，来达到电动机里面线圈电流方向的交替变化。无刷电动机的转子和定子之间没有电刷和换向器。直流电源通过开关电路向电动机定子绕组供电，三个位置传感器随时检测到转子所处的位置，并根据转子的位置信号来控制控制器MOS开关管的导通和截止，从而自动地控制哪个绕组通电及通电方向，以实现电子换向，达到持续为转子提供旋转磁场，使转子转动的目的。二轮电动车工作原理示意图如图3-32所示。

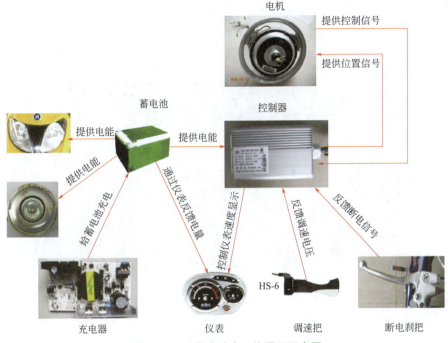

图 3-32　二轮电动车工作原理示意图

二、三轮电动车工作原理

电动三轮车的工作原理与电动二轮车的工作原理类似，也是由车架、蓄电池、控制器、电动机、仪表盘等组成。所不同的是电动三轮车是三个轮子，后面有两个轮子，后面两个轮子要共用一个电动机驱动，电动机同时驱动两个轮子就要用后桥来过渡，即电动机驱动后桥，后桥再驱动两个后轮。不像电动二轮车，直接将电动机集成在后轮的轮毂里，而是将电动机与后桥集成在一起，由后桥驱动后面的两个轮胎。

同时，由于电动三轮车的负载能力普遍要大于电动二轮车，所以电动三轮车的蓄电池、控制器和电动机的功率比电动二轮车要大一些。并且由于负载大，其制动力要求也大，所以电动三轮车采用脚制动的较多，如图 3-33 所示。

与电动二轮车类似，电动三轮车的控制器也有有刷控制器和无刷控制器之分，有刷控制器控制有刷电动机，有刷电动机驱动后桥，后桥再驱动后轮行驶；无刷控制器控制

图 3-33　电动三轮车采用脚制动

无刷电动机，无刷电动机驱动后桥，后桥再驱动后轮行驶。图3-34所示为后桥驱动实物图。

图3-34　后桥驱动实物图

三、蓄电池

电动车的蓄电池主要有铅酸蓄电池和锂蓄电池两种，其工作原理都是将电能转化为化学能（充电）、将化学能转化为电能（放电）的过程，但具体工作原理又不完全相同，以下分别介绍。

铅酸蓄电池是由正极、负极和电解液组成，其工作原理如下。

铅酸蓄电池总的电化反应是：$\frac{PbO_2}{正极} + \frac{H_2SO_4}{电解液} + \frac{Pb}{负极}$。蓄电池在充、放电过程中进行如下的反应。

1. 放电

蓄电池对外做功时开始放电，其内部反应如下式。外部电流从正极流出，经负载（R）流向负极，内部流向则是从负极流向正极。在蓄电池内部 SO_4^{2-} 迁移到正极，负极上的 Pb^{2+} 放出两个电子，Pb^{2+} 与 SO_4^{2-} 中和生成 $PbSO_4$，其反应式是：

$$Pb + H_2SO_4 - 2e^- \longrightarrow PbSO_4 + 2H^+$$

由于负极上失去的两个电子经外电路流向正极，正极上的二氧化铅从外电路得到两个电子后，Pb^{4+} 变成 Pb^{2+}，它和 SO_4^{2-} 反应生成 $PbSO_4$，反应式为：

$$PbO_2 + H_2SO_4 + 2H^+ + 2e^- \longrightarrow PbSO_4 + 2H_2O$$

铅酸蓄电池放电示意图如图3-35所示。

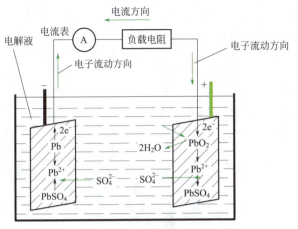

图 3-35 铅酸蓄电池放电示意图

铅酸蓄电池放电中的化学反应是：连接外部电路放电时，稀硫酸即会与阴、阳极板上的活性物质产生反应，生成新化合物硫酸铅。经由放电后硫酸成分从电解液中释出，放电愈久，硫酸浓度愈稀薄。所消耗的成分与放电量成比例，只要测得电解液中的硫酸浓度，亦即测其密度，即可得知放电量或残余电量。

2. 充电

充电是蓄电池的再生功能。充电时，整个电源将负极电子流输送到蓄电池的正极，负极 $PbSO_4$ 不断地离解为 Pb^{2+} 和 SO_4^{2-}，Pb^{2+} 取得外电路输送来的两个电子，立即还原成多孔金属 Pb。SO_4^{2-} 立即和 H^+ 还原为硫酸。反应式为：

$$PbSO_4 + 2H^+ + 2e \longrightarrow Pb + H_2SO_4$$

在正极上 $PbSO_4$ 不断地离解为 Pb^{2+} 和 SO_4^{2-}，Pb^{2+} 失去两个电子，被氧化成 Pb^{4+} 与水中的 O_2 生成 PbO_2，反应式为：

$$PbSO_4 + 2H_2O - 2e^- \longrightarrow PbO_2 + H_2SO_4 + 2H^+$$

由于铅酸蓄电池电解液的主要成分是硫酸和水，在充电时，会使水的成分减少，而使硫酸的成分增加，即电解液密度上升，随着充电时间的延长（4~8h），逐渐恢复到原来的浓度。同时，在充电过程中，两极的活性物质逐渐还原，当两极的活性物质还原到原来的状况时，即表示充电已结束。

铅酸蓄电池充电示意图如图3-36所示。

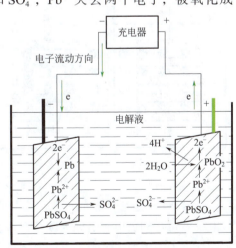

图 3-36 铅酸蓄电池充电示意图

3. 充放电总反应

铅酸蓄电池充、放电总化学反应式为：

$$PbO_2 + 2H_2SO_4 + Pb \underset{放电}{\overset{充电}{\rightleftharpoons}} PbSO_4 + 2H_2O + PbSO_4$$

锂蓄电池主要是由正极端子、负极端子、隔膜和铝塑膜外壳等组成，如图 3-37 所示。锂蓄电池的工作原理如下。

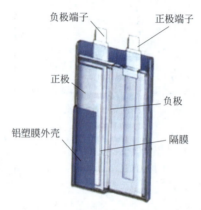

图 3-37　锂蓄电池的结构

锂蓄电池的充放电原理就是锂离子在正负极间的迁移，在充放电过程中，锂离子处于从正极 → 负极 → 正极的运动状态，如图 3-38 所示。

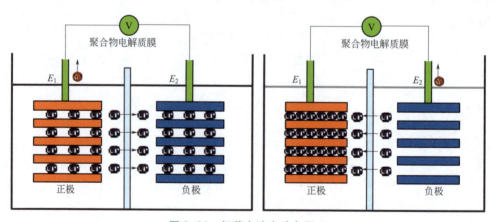

图 3-38　锂蓄电池充放电原理

① 当对蓄电池进行充电时，蓄电池的正极上有锂离子生成，生成的锂离子经过电解液运行到负极。负极为碳层有很多微孔，达到负极锂离子就嵌入到碳层的微孔中，嵌入的锂离子越多，充电容量越高。

② 同样，当使用蓄电池时（对蓄电池进行放电），嵌在负极碳层中的锂离子脱

出，又返回正极。回正极的锂离子越多，放电容量越高。通常所说的蓄电池容量指的就是放电容量。

四、电源电路

电动自行车电源电路如图 3-39 所示，控制器主要有三组电源。第一组是提供总能源的蓄电池，该电路中的电解电容由于工作在大电流、高频率、高温状态下，特别对电解电容有损耗角小、耐高温的要求，普通的电解电容容易发生爆裂。

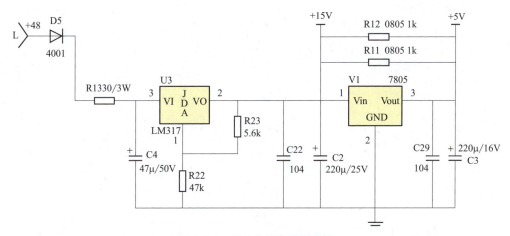

图 3-39　电动自行车电源电路

第二组电源提供 12～15V 的电压，这组电压主要是提供给 MOSFET 的开通电压，由 LM317 提供，输出大约 13.5V。另一组电源由 LM7805 提供 5V 电压作为 MCU、手柄控制等的工作电压。

该电路易损元件主要有总电压电路中的电解电容爆裂、提供 5V 电压的调压管周围阻容件虚焊等。

五、MCU 电路

MCU 电路是电动车控制核心电路，电动车的其他电路都是为其服务或被其控制。图 3-40 所示为德国英飞凌半导体公司的 XC846 单片机方案。

XC846 单片机集合了智能处理、控制等部分，可输出 6 路独立的带死区保护的 16 位 PWM。电动机的霍尔信号、转把信号、过流检测信号、制动信号等都直接输入给单片机，由单片机进行处理，并由单片机输出电子换向器三个桥臂的前级驱动信号，以控制电动机的运转。

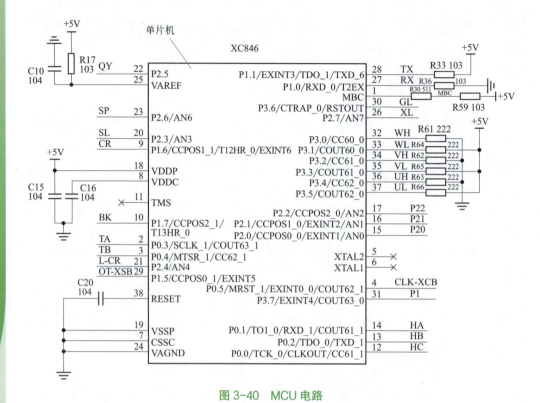

图 3-40　MCU 电路

六、限流和过流检测电路

限流和过流检测电路如图 3-41 所示。U3A（LM358）的运算放大器与电阻 R41、R42、R43 等构成过流检测电路。U3B（LM358）的运算放大器与电阻 R45、R46 等构成限流检测电路。

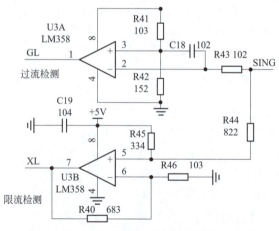

图 3-41　限流和过流检测电路

限流和过流检测保护控制是无刷电动机控制器在某一最大限定电流值下工作，对于36V控制器，限流值一般在（14±1）A，对于48V控制器，限流值一般在（17±1）A。限流保护其实又是过载保护，当上坡、载重必然引起负载加重、电流增大，但电流增大的极限就是限流值。

七、制动信号电路

目前市面上电动车的制动信号有高电平制动信号和低电平制动信号两种，如图3-42所示。

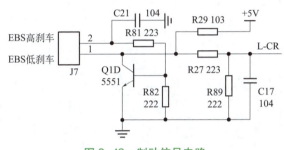

图 3-42　制动信号电路

对于单片机一般只识别其中一种信号，如果采用电平转换电路，则可识别两种电平的制动信号。当BK信号端为低电平，则单片机低电平制动输入口得到低电平制动信号，通知无刷控制器完成制动过程。当HBK端为高电平时，通过电平转换电路转换为低电平，单片机电子制动功能选择口为低电平信号，通知无刷控制器完成制动动作。

八、霍尔信号检测电路

霍尔信号检测电路如图3-43所示。

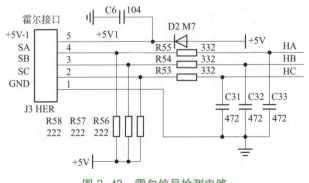

图 3-43　霍尔信号检测电路

电阻 R53 ～ R55、电容 C31 ～ C33 组成霍尔信号检测输入电路，电阻 R56 ～ R58 形成上拉电位，电容 C31 ～ C33 起滤波作用，抑制干扰信号。单片机的 HA、HB、HC 脚分别检测来自电动机内的三路霍尔位置信号，以决定换向时刻。

九、转把调速电路

电动车调速是由分电器完成的，而分电器是由调速把（转把）来改变供电电压工作的。转把调速电路如图 3-44 所示。转把有效电压 1.1 ～ 4.4V，当转把输出电压高于 2.9V 时控制器全开通过。

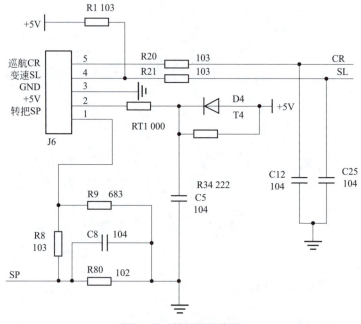

图 3-44 转把调速电路

单片机的转把输入脚不插转把时电压为 0V，插入转把时电压应该在 1.1V 以下，如果高于 1.1V，上电时控制器会进入飞车保护状态。

十、有刷 / 无刷控制电路

根据电动车采用的控制器，可分为有刷控制器和无刷控制器。有刷控制器的代表型号有 ZK3610A，其典型电路原理如图 3-45 所示，该控制器主要是由稳压电路、欠压保护电路、转把控制放大和 PWM 脉宽调制集成电路、MOS 管驱动电路、限流 / 过流保护电路组成。有刷控制器的负载是有刷电动机，输入控制信号是转把和闸把。

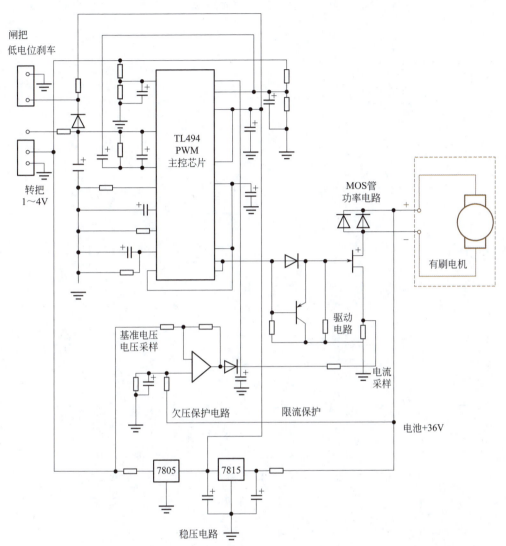

图 3-45　典型有刷控制器电路原理

典型无刷控制器代表电路是由主控芯片 MC33035+IR2103 组成的控制电路，如图 3-46 所示。该控制器主要是由稳压电源、主处理电路、欠压保护电路、限流保护电路、MOS 驱动电路等组成。主控芯片发出指令，半桥驱动器执行指令，控制 MOS 驱动管的导通和截止，从而控制加到电动机绕组上的电流大小和方向。

无刷控制器的负载是无刷电动机，输入控制信号是转把和闸把。需要强调的是，无刷控制器相角必须和无刷电动机相角一致，这样电动机才能转动。

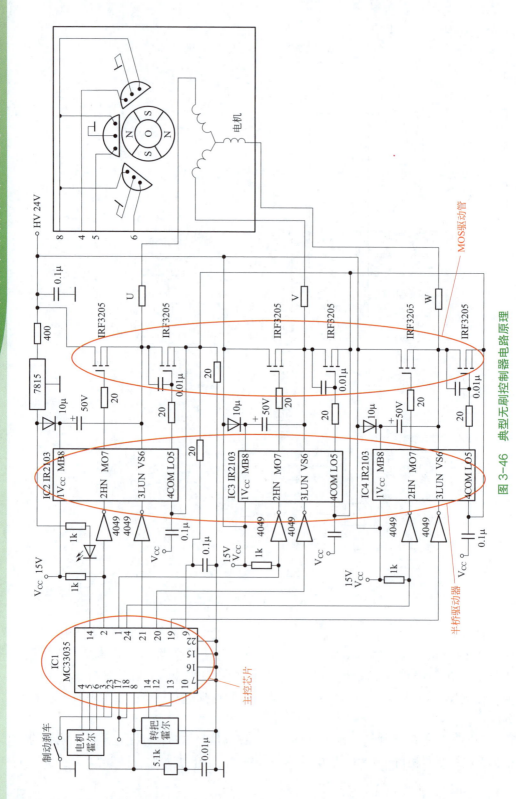

图 3-46 典型无刷控制器电路原理

十一、有刷电动机

电动车有刷电动机的定子上安装有固定的主磁极（永磁体磁极）和电刷，转子上安装有电枢绕组和换向器。来自控制器的电动机电源通过电刷和换向器进入电枢，产生电枢电流，电枢电流产生的磁场与永磁体磁场相互作用产生电磁转矩，使电动机旋转并带动轮胎转动。相关原理示意图如图3-47所示。

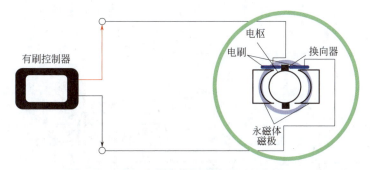

图3-47 有刷电动机工作原理示意图

由于有刷电动机中电刷和换向器的存在，有刷电动机的结构复杂、可靠性差、换向器火花易产生电磁干扰、故障多，所以有刷电动机在电动车上的应用越来越少，大多采用无刷电动机。

十二、无刷电动机

电动车无刷电动机的绕组与霍尔传感器均安装在转子上，永磁体安装在定子上，固定转子，定子就会旋转，固定定子，转子就会旋转。要让电动机转动起来，首先控制器就必须根据三个霍尔传感器感应到的电动机转子目前所在位置，然后依照转子绕组决定开启或关闭每一组功率管的顺序，图中Q1～Q3为上臂功率管（电动机电源进线开关），Q4～Q6为下臂功率管（电动机电源回路开关），每次开启一个上臂和一个下臂功率管（同一绕组上的上臂与下臂功率管不会同时开启，否则会造成供电短路），一个绕组上的上臂功率管与另一个绕组的下臂功率管组成一组，共六组，一个位置开启一组或多组，依次开启六组功率管或反序开启六组功率管（改变电流的方向），可实现电动机顺时针/逆时针旋转。不管是开启哪一组功率管，开启之后，电流依序流经电动机线圈产生顺向（或逆向）感应磁场，并与定子的永磁铁相互作用产生旋转磁场，如此就能使电动机顺时针/逆时针转动起来。

霍尔传感器每感应到一个位置，就会开启相应的功率管，当电动机转子转动到霍尔元件感应到的另一位置信号时，控制器开启下一组功率晶体管，如此循环（如依次开启Q1Q5、Q2Q6、Q3Q4等），电动机就可以依同一方向继续转动，直到控制器决定要电动机转子停止则关闭功率晶体管。

　　同一绕组上的上臂功率管和下臂功率管是相继开关的，不会出现上一组上臂功率管尚未完全关闭，另一组下臂功率管就已开启的情况。当电动机转动起来后，控制器再根据来自外部的指令设定功率管开启的时长、加/减速所组成的命令与信号变化的速度加以比对，决定下一组功率管的开关导通及导通时间的长短，速度不够则导通时间延长，速度过快则导通时间减短，也就是功率管开启和关闭的占空比，从而决定电动机转速快慢。无刷电动机工作原理示意图如图3-48所示。

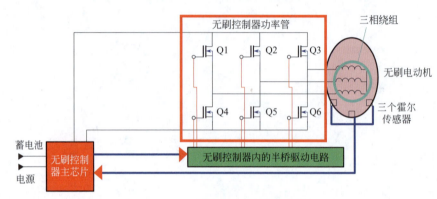

图3-48　无刷电动机工作原理示意图

第四章

电单（摩）车维修工具

第一节　通用工具

一、电烙铁

电子维修中常用的焊接工具是电烙铁，焊接时，还需要焊锡和助焊剂以及一些辅助工具。电动自行车维修建议配置三把功率大小不同的电烙铁。三把功率不同的电烙铁实物如图4-1所示。

① 一把30～40W尖头电烙铁，用来焊接线路板和小零件。

② 一把75～100W外热式扁头电烙铁，用来焊接大的插接器，例如蓄电池连插接器等。

③ 一把48V品字形接口的直流电压电动自行车专用电烙铁，可由电动自行车蓄电池直接供电，可以在电动自行车抛锚时提供急用。

电烙铁的使用操作方法及注意事项如下。

① 新烙铁使用前，应用细砂纸将烙铁头打光亮，通电烧热，蘸上松香后用烙铁头刃面接触焊锡丝，使烙铁头上均匀地镀上一层锡。这样做便于焊接和防止烙铁头表面氧化。旧的烙铁头如严重氧化而发黑，可用钢锉去表层氧化物，使其露出金

属光泽后,重新镀锡,才能使用。

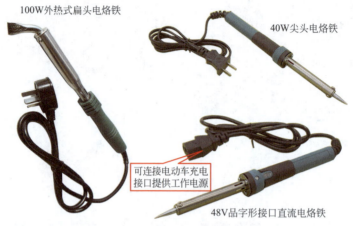

图4-1 三把功率不同的电烙铁

② 电烙铁要用220V交流电源,使用时要特别注意安全,使用前应检查使用电压是否与电烙铁标称电压相符。

③ 电烙铁应该接地。

④ 使用前,应认真检查电源插接器、电源线有无损坏,并检查烙铁头是否松动。

⑤ 电烙铁使用中,不能用力敲击,防止跌落。烙铁头上焊锡过多时,可用布擦掉,不可乱甩,以防烫伤他人。

⑥ 焊接过程中,烙铁不能到处乱放。不焊时,应放在烙铁架上。注意电源线不可搭在烙铁头上,以防烫坏绝缘层而发生事故。

⑦ 使用结束后,应及时切断电源,拔下电源插接器。冷却后,再将电烙铁收回工具箱。

二、万用表

万用表一般分指针式和数字式两种类型,是电动自行车线路检修必备工具。维修电动自行车建议购买数字万用表。

常见数字万用表有福禄克Fluke17B、胜利仪器VC97、优利德UT39A、宝工MT-1232及华仪MY68等。其中,福禄克Fluke17B万用表性能和质量好,测量误差少,但价格昂贵;胜利仪器VC97、优利德UT39A性价比高。

目前市面上的数字万用表均附带温度测试棒、电晶体和电容测试座等,且新式的数字万用表均具有自动换挡、自动关机、短路蜂鸣及资料保存等多种功能。

图 4-2 所示为 VC97 型数字万用表外部结构及面板功能。

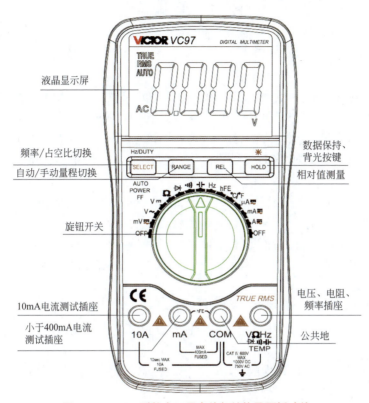

图 4-2　VC97 型数字万用表外部结构及面板功能

VC97 型数字万用表面板功能说明如下（其他品牌型号的数字万用表结构功能基本类似）：

①"SELECT Hz/DUTY"键：交直流电流电压 DC/AC，选择测量直流电流时，按此功能，可转换交流电流，测量频率时转换频率占空比（1%～99%）。

②"RANGE"键：选择自动量程或手动量程工作方式，仪表起始为自动量程状态显示"AUTO"符号，按此功能转为手动量程，按一次增加一挡，由低到高依次循环。持续按下此键长于 2s，回到自动量程状态。

③"REL"键：电压、电流、电容挡按下此功能，读数清零，进入相对值测量，显示器出现"REL"符号，再按一次退出相对值测量。

④"HOLD"键：按此功能，仪表当前所测量数值保持在液晶显示器上，显示器出现"HOLD"符号，再按一次，退出保持状态；按此功能键 2s 打开背光。

⑤旋钮开关：用于改变测量功能及量程。可选择测试直流电压/电流、交流电压/电流、电阻、频率、电容、温度、二极管。

目前市面的数字万用表可用来测量直流电压和交流电压、直流电流和交流电流、电阻、电容、二极管、三极管、通断测试、温度及频率等参数。下面继续以胜利仪器 VC97 型万用表为例介绍数字万用表的操作方法。

（1）直流电压测量方法及注意事项

① 将黑表笔插入"COM"插孔，红表笔插入"VΩHz"插孔。

② 将功能开关转至"v⎓"挡。

③ 仪表起始为自动量程状态，显示"AUTO"符号，按"RANGE"键转为手动里程方式，或选 400mV、4V、40V、400V、1000V 量程。

④ 将测试表笔接触测试点，红表笔所接的该点电压与极性显示在屏幕上。

⑤ 手动量程方式如 LCD 显示"OL"，表明已超过量程范围，须将"RANGE"键转至高一挡。

⑥ 测量电压切勿超过直流 1000V，否则，会对仪表电路造成损坏。

⑦ 当测量高压电路时，千万注意避免触及高压电路。

（2）直流电流测量方法及注意事项

① 将黑表笔插入"COM"插孔，红表笔插入"mA"或"10A"插孔中（最大分别为 400mA 和 10A）。

② 将功能开关转至电流挡，按动"SELECT"键，选择 DC 测量方式，然后将仪表的表笔串入被测电路中，被测电流值及红色表笔的电流极性将同时显示在屏幕上。

③ 在不清楚被测电路中的大概电流值时，应将量程开关转到最高的挡位，再根据显示值转至相应的挡位上。

④ 如 LCD 显示"OL"，表明已超过量程范围，需将量程开关转至高一挡。

⑤ 最大输入电流为 400mA 或者 10A（视红表笔插入位置而定），不能测量超过额定的电流，否则，会熔断熔丝，甚至损坏仪表。

⑥ 在"COM"与"mA"或"A"端禁止输入高于 36V 直流或 25V 交流峰值电压。

（3）交流电流真有效值测量方法及注意事项

① 将黑表笔插入"COM"插孔，红表笔插入"mA"或"10A"插孔中（最大为 400mA 或 10A）。

② 将功能开关转至电流挡，按动"SELECT"键选择 AC 测量方式，然后将仪表测试表笔串入被测电路中，被测电流值显示在屏幕上。

③ 在不清楚被测电路中的大概电流值时，应将量程开关转到最高的挡位，然后根据显示值转到相应的挡位上。

④ 如果 LCD 显示"OL"，表明已超过量程范围，需将量程开关转至高一挡。

⑤ 最大输入电流为 400mA 或者 10A（视红表笔插入位置而定），不能测量超过额定的电流，否则会熔断熔丝，甚至损坏仪表。

⑥ 在"COM"与"mA"或"A"端禁止输入高于 36V 直流或 25V 交流峰值

电压。

（4）电阻测量方法及注意事项

①将黑表笔插入"COM"插孔，红表笔插入"VΩHz"插孔。

②将功能开关转到"Ω"挡，将两表笔跨接在被测电阻上。

③按动"RANGE"键选择自动或手动量程方式。

④如果测阻值小的电阻，应选将表笔短路，按"REL"键一次，再测未知电阻，这样才能正确显示电阻的实际阻值。

⑤使用手动量程测量方式时，如果事先对被测电阻范围没有概念，应将开关调到最高的挡位。

⑥如果LCD显示"OL"，表明已超过量程范围，需调高一挡。当测量电阻超过1MΩ的高电阻时，读数需几秒时间才能稳定属于正常现象。

⑦当显示过载情形"OL"，说明输入端开路。

⑧在路测量电阻时，务必先关断被测电路所有电源并对所有电容进行完全放电。

⑨严禁在电阻挡输入电压。

（5）电容测量方法及注意事项

①将功能开关转到"⊣⊢"挡。

②将黑表笔插入"COM"插孔，红表笔插入"VΩHz"插孔。

③如果显示屏显示不是零，按一次"REL"键清零。

④将被测电容对应极性插入测试表笔"VΩHz"（注意红表笔极性为"+"），被测电容负端接入"COM"，屏幕显示的为电容容量。

⑤每次测试，必须按一次"REL"键清零，才能保证测量准确度。

⑥电容挡仅有自动量程工作方式。

⑦对被测电容应完全放电，以防止损坏仪表。

（6）频率测量方法及注意事项

①将表笔或屏蔽电缆接入"COM""VΩHz"输入端。

②将功能开关转到"30MHz"挡，将表笔或电缆跨接在信号源或被测负载上。

③按"SELECT"键转换频率/占空比，显示被测信号的频率或占空比读数。

④频率挡仅有自动量程工作方式。

⑤输入超过10V交流有效值时，可以读数，但可能超差。

⑥在噪声环境下，测量小信号时最好使用屏蔽电缆。

⑦在测量高电压电路时，千万不要触及高压电路。

⑧禁止输入超过250V直流或交流峰值的电压值，以免损坏仪表。

（7）三极管hFE测量方法及注意事项　测量三极管前，应先确定所测晶体管为NPN型或PNP型，然后将功能开关转到hFE挡，将发射极、基极、集电极分别插入相应附件测试孔插孔，即可在屏幕中显示出读数。

(8) 二极管通断测试方法及注意事项

① 二极管通断测试方法如图 4-3 所示,将黑表笔插入"COM"插孔,红表笔插孔"VΩHz"插孔(注意红表笔极性为"+")。

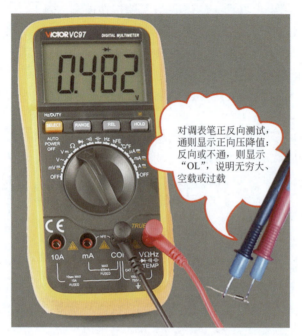

对调表笔正反向测试,通则显示正向压降值;反向或不通,则显示"OL",说明无穷大、空载或过载

图 4-3 二极管通断测试方法

② 将功能开关转到"⊶▷⊢"或"◦))"挡。

③ 正向测量:将红表笔接到被测二极管正极,黑表笔接到被测二极管负极,显示器即显示二极管正向压降的近似值。

④ 反向测量:将红表笔接到被测二极管负极,黑表笔接到被测二极管正极,显示器显示"OL"。

⑤ 完整的二极管测试包括正反向测量,如果测试结果与上述不符,说明二极管是坏的。

⑥ 将表笔连接到待测线路的两点,电阻值约 50Ω,内置蜂鸣器发声。

⑦ 严禁在"⊶▷⊢"或"◦))"挡输入电压。

(9) 温度测量方法及注意事项

① 温度测量方法如图 4-4 所示,将功能开关转至"C"挡。

② 将热电偶传感器的冷端(自由端)负极(黑色插接器)插入"COM"端,热电偶传感器的工作端(测温端)正极(红色插接器)插入"VΩHz"插孔,置于被测温场所中,显示屏即显示被测温场所的温度值,读数为摄氏度,按"SELECT"键为华氏度。

③ 当输入端开路时，则显示常温。

④ 严禁在温度挡输入电压。

图 4-4　用万用表测量温度方法

第二节　专用工具

一、修车宝

修车宝的使用

修车宝又称电动自行车故障检测仪，是专门用来快速检测电动自行车无刷控制器和无刷电动机的好坏（包括电动机绕组和霍尔的好坏）、相位角是 60°还是 120°、转把好坏的一种简易便携式检测仪器，也是维修电动自行车线路的必备工具。

修车宝品牌型号很多，但其结构功能和使用操作方法基本相似，建议电动自行车维修店铺选购多功能款修车宝，能适用 24～96V 电动自行车无刷控制器、无刷电动机、转把、刹把故障的检测。

图 4-5 所示是常见的一款多功能修车宝，仪器的正面由 LED 灯珠、电源开关及电量指示灯组成，侧面是引出的各功能插件。

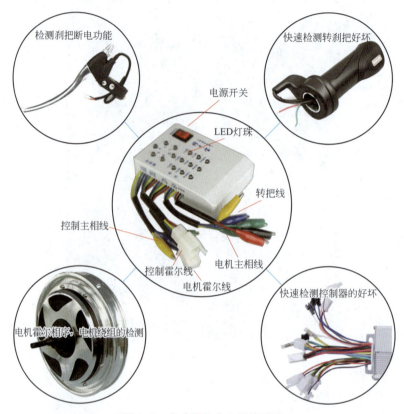

图 4-5 多功能修车宝结构功能

下面以 HY-CSY-WS2005C 型多功能修车宝为例，介绍修车宝的使用操作方法。

（1）测电动机绕组

① 将测试仪的三个子弹头插件连接好电动机绕组（电动机的三根粗线，无需考虑着色和顺序，可以随意连接）。

② 顺时针转动电动机（沿电动车正常的前进方向转动），可以看到测试仪上第一排三个发光管（LED）亮且闪烁，这样即为正常。

③ 如果一个或两个、三个不亮即为有故障，其中哪个发光管不亮，那么这一绕组即为有故障或者接触不良。三个指示灯均亮，说明该电动车的电动机绕组是正常的。

（2）检测控制器是否正常　用修车宝检测控制器是否正常，主要检测控制器是否有 5V 电源输出，方法是将修车宝连接控制器，关闭控制器的自身电源，打开电动车的电门锁，看修车宝上的控制器 5V 电源指示灯是否点亮，若 5V 电源指示灯点亮，则说明控制器基本正常，若 5V 电源指示灯不亮，则可能是控制器损坏。

二、扒胎器

扒胎器用于拆卸电动自行车轮胎,分为手动和气动两种扒胎器,如图 4-6 所示。

图 4-6　手动和气动扒胎器

手动扒胎器又称轮胎钳,可以利用螺纹钢、丝杆、钢板自己动手制作。轮胎钳的主要功能是将轮胎和钢圈分离,它不是直接将轮胎拆出来,只能将轮胎压扁,需要配合轮胎撬棒才可以扒下轮胎。

气动扒胎器又称气动夹胎器,能轻松压下 5.00-12(英制轮胎型号)及以下的轮胎,无论车上车下的轮胎都可以轻易地将轮胎与钢圈分离。

> **提示**
>
> 5.00-12 为英制轮胎的型号,表示轮胎的宽度为 5in(1in=25.4mm),轮毂的直径为 12in。还有一种公制型号的轮胎,如型号为 90/90-12 的轮胎就是公制轮胎,90/90 指轮胎宽度是 90mm,第二个 90 表示轮胎高度是宽度的 90%,即 81mm,12 表示适合轮辋直径 12in。

气动扒胎器的操作方法如下。
① 打开开关,把拆胎器夹口放到要夹的真空胎相应位置。
② 关闭开关,连接上气管。
③ 慢慢打开进气开关,直到轮胎边与钢圈边分离为止。
④ 关闭进气开关,拔掉气管。
⑤ 打开进气开关,拿出拆胎器,工作完成。

三、多功能拉马

多功能拉马如图 4-7 所示,是拆卸电动二轮/三轮车刹车锅、半轴、轴承外圆的专用工具。

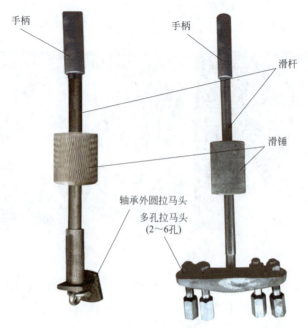

图 4-7 多功能拉马

（1）拆卸刹车锅

① 将刹车锅上螺钉拧掉；

② 将刹车锅拆卸板套在刹车锅螺钉上，把刹车锅螺钉重新固定好；

③ 将滑杆拧在刹车锅拆卸板上，反复向外拨动滑块即可，如图4-8所示。

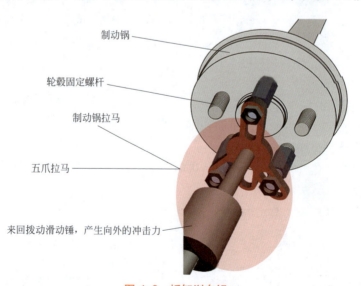

图 4-8 拆卸刹车锅

（2）拆卸半轴　刹车锅拆掉之后，将半轴拆卸头拧在半轴螺纹上，将滑杆拧在半轴螺纹上，反复向外拨动滑块即可（如图4-9所示）。

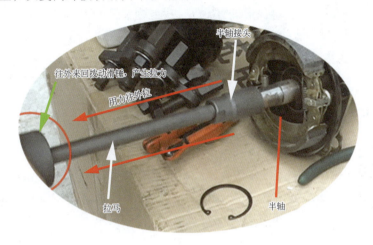

图4-9　拆卸电动三轮车半轴

（3）拆卸轴承外圈　有时候半轴拆掉之后轴承外圈有可能会卡在轴承座上。确定好车子轴承型号，将相对应的轴承外圈拆卸拉马穿过轴承座，将拉马竖直卡在轴承外圈内的凹槽内，然后将滑杆拧在拉马上，反复向外拨动滑块即可将轴承的外圈拉出。也可采用内孔拉马拆出轴承外圈（如图4-10所示）。

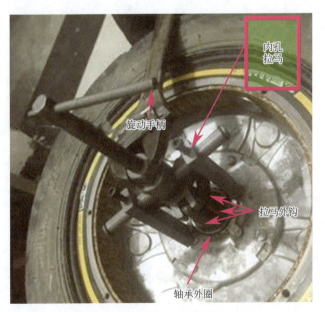

图4-10　内孔拉马拆出轴承外圈

> **提示**
>
> 使用电动车拉马时,若遇到非常顽固生锈的刹车锅,可以敲打下刹车锅盖子或者上面的螺钉,使其生锈结构内部振动松散,这样更容易拆卸,可以提高工具的使用寿命。

四、压线钳

压线钳的使用

压线钳在电动车维修中经常使用,特别在更换控制器改插接器的操作中用得较多。压线钳的种类有很多,在电动车维修中使用最多的是带 2.8、4.8、6.3 钳口(如图 4-11 所示的插簧)的插簧压线钳 SN-48B,如图 4-12 所示。

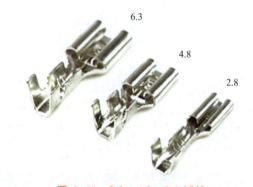

图 4-11　2.8、4.8、6.3 插簧

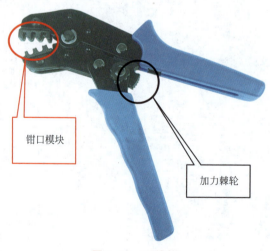

图 4-12　压线钳

操作压线钳时，先将电线端子剥皮后放入插簧的接线口（插簧和公母套事先购买好，都是成套购买的，如图4-13所示），再将其一并放入压线钳相应大小的钳口；用力压下压线钳，直到钳口闭合，再用力摁一下，钳口自动弹开，取出已压接好的插簧端子即可。

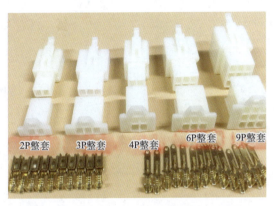

图4-13　插簧和公母套

第五章

电单（摩）车维修方法和维修技能

第一节　维修方法

一、有刷电动车不能启动

首先检查调速手柄及输出线是否正常；若正常，再检查控制器或电动机插接器是否脱落；若未脱落，再检查左右制动把是否断电。检查正常后，再拔下调速连线的接插件，开启电门锁测量插件是否有 5V 调速电压；若无电压，则说明控制器内的供电部分有问题；若电压及控制器供电部分均正常，则检查控制器及电动机内部是否损坏。

二、电动车时转时停，不能正常行驶

电动自行车时转时停，一般是电源不正常或控制器有故障所致，可按以下方法进行检修。

首先打开电门锁，观察仪表显示的蓄电池电压是否处于欠电临界状态；若是，则检查蓄电池是否漏液，触点是否存在接触不良，否则，调整触点位置或打磨触点，使之接触良好；若无异常，则检查蓄电池盒内熔丝与熔丝座之间接触是否良好，控制器线路各插接器是否存在虚焊现象，若有虚焊现象，应检修重焊；若正常，则检查调速手柄内感光管内的感光片是否积有大量的污垢，如有，应擦拭感光管，清除污垢，或更换调速手柄；若故障仍不能排除，则检查制动断电开关是否失灵，应修复或更换断电开关。若以上检查均正常，则可能是电动机有故障。常见的故障有：电刷磨损、导线脱落、接插件接触不良、绕组短路等。应进行修复或更换电动机。

三、打开电门锁后，转动调速手柄电动机不转

电动机不转，一般是电源供电不正常、控制器损坏、霍尔调速手柄损坏或电动机本身有故障所致，其检修方法如下。

① 熔丝烧断。可直观检查，或用万用表进行检测，若烧坏，应更换新的熔丝。

② 电源开关损坏。打开电源开关，用万用表欧姆挡测量一下电源开关的输入端与输出端之间的电阻值，正常情况下阻值应为零，若阻值为无穷大，则说明电源开关损坏，应更换新的电源开关。

③ 霍尔调速手柄有故障。用万用表直流电压挡测量霍尔调速手柄输出端（绿色线）的输出电压，正常时应有1～4.5V电压输出，若无电压输出，则说明霍尔调速手柄已烧坏，应更换调速手柄。

④ 控制器有故障。用万用表直流电压挡测量控制器输出端（红色线）电压，正常时应有5V左右的电压输出，若无电压输出，则说明控制器损坏，应予以更换。

⑤ 电动机接线断线。将电动机各插件拔出重新接插牢靠，有些电动自行车还应检查蓄电池盒放入车架的位置是否到位，触点接触是否良好，应清洁触点，使其接触良好。

⑥ 电动机损坏。将电动机与控制器的连线断开，其余的线均按原样接好，慢慢转动电动机，用万用表测量霍尔线，观察信号是否有电压变化，若一相无变化，则说明霍尔组件已烧坏，造成电动机缺相，应更换新的电动机。

⑦ 断电开关损坏。若以上检查均正常，而故障仍不能排除，则拔掉断电开关插接器，若电动机转动正常，则说明断电开关损坏，应更换新的断电开关。

⑧ 轮毂有故障。有刷轮毂的电动机引线断路、炭刷与转子换向片断路均会出现轮毂不转现象。应进行检修，并更换损坏的元器件。

四、打开电门锁开关，指示灯亮，但电动机不转

指示灯亮而电动机不转，一般是电动机本身存在故障，应对电动机的空载电流进行检测，其方法如下。将万用表置于直流20A挡，将红、黑表笔串联在控制器的电源输入端。打开电源，在电动机不转动的情况下，记录此时万用表的最大电流数（假设为A_1）；转动调速手柄，使电动机高速空载转动20～30s，待电动机转速稳定以后，开始记录此时万用表的最大数值（假设为A_2），然后计算出电动机的空载电流。

电动机的空载电流=A_2-A_1。将实际空载电流与参考表对照，如果空载电流大于参考表的极限数据，则说明电动机出了故障。电动机空载电流大的原因主要是：电动机内部机械磨损大、线圈局部短路、磁钢退磁、换向器积炭等。进一步分别往下测试，即可判断出故障原因与故障元器件。在实际检修中，一般是更换电动机。

五、电动自行车负重时，电动机电刷下面出现火花，且负载增大时，火花也随之增大

电动机电刷产生火花的常见原因有：电刷位置不对；主极与换向极极性不对；换向极匝间短路等。

（1）电刷位置不对

检查电刷与换向器的接触面是否正常，正常时，两者接触面应在75%以上，若接触面过小，造成接触不良，即会产生火花。此时，应调整电刷的位置，使之与换向器正常接触，若电刷弹簧弹力不够，应更换电刷。

（2）换向极极性不对

检查并纠正主极与换向极的顺序，用万用表检测主极与换向极的绝缘电阻，并作相应的处理。

（3）转子短路

转子短路时，会在换向器周围发生火环，应拆下电动机，查找短路点，进行局部修理或更换转子。

六、蓄电池突然无电压输出

使用时蓄电池突然无电压输出，可能是蓄电池发生了断路故障。其主要原因是由于装配时极柱受损有裂纹、虚焊，加酸时，不小心使酸液漏入引线焊点使其腐蚀而产生断路。检修时可检查蓄电池充电回路连线是否牢固，连线和插接器是否接触不良，插接器与插座是否打火烧蚀，线路是否断裂等，应根据故障原因，采取相应的方法进行修复。

第二节 维修技能

一、电动车手柄转动不灵活

该故障的维修部位如图 5-1 所示,故障原因是前叉轴承缺油或钢珠磨损所致,可按如下操作方法排除故障。

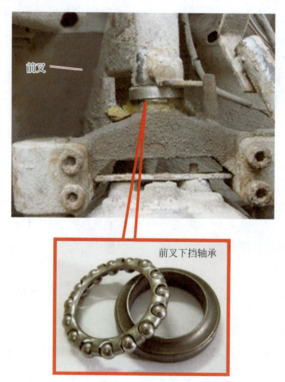

图 5-1 前叉轴承

① 检查前叉滚动轴承是否缺油。
② 若前叉滚动轴承缺油,则加润滑油。
③ 若前叉滚动轴承不缺油,则检查前叉滚动轴承的钢珠。

二、电动车喇叭不响

通过故障现象分析,说明喇叭或其供电异常,维修方法如下。

① 测喇叭是否正常，如图 5-2 所示。若喇叭不正常，换新即可。

② 若喇叭正常，测喇叭开关是否正常，如图 5-3 所示。若喇叭开关不正常，更换或维修开关。

图 5-2　检查喇叭　　　　　　　　图 5-3　检查喇叭开关

③ 若喇叭开关正常，则检查线路。

三、电动车前照灯不发光

通过故障现象分析，说明前照灯或其供电异常，可按如下方法排除故障。

① 检查灯珠是否损坏，如图 5-4 所示。若灯珠损坏，更换灯珠即可。

② 若灯珠正常，测灯座有无供电，如图 5-5 所示。若灯座供电正常，则检修灯座。

③ 若灯座无供电，则检查供电开关和线路，如图 5-6 所示。

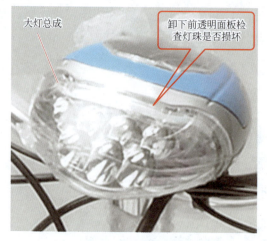

图 5-4 检查灯珠

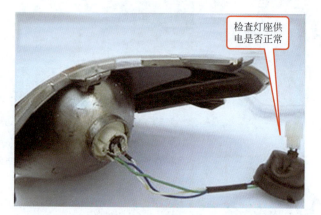

图 5-5 检查灯座

图 5-6 检查前照灯开关

四、电动车运行时出现较大噪声

电动车属于环保型交通工具，运行时几乎没有大的声音，若在行驶时发出"嗡嗡"声，则是无刷电动机在低速进行换向时，产生轻微的振动，由此产生振源，并与其他部件产生共振。属于正常现象，无需修理。

有刷电动机电动车若在骑行时发出"吱呀"声，一般是由于骑行一段时间后，减振弹簧和换向器运转部件缺少润滑油，如图5-7所示，致使两者之间摩擦阻力增大，从而发出"吱呀"声。若不及时检修，声音会越来越大。

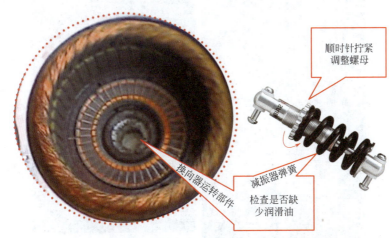

图 5-7 骑行时发出"吱呀"声的检查部位示意图

检修时，应对减振弹簧和换向器运转部位进行清洗，并加注适量的润滑油；若故障还是不能排除，则应检查减振弹簧是否因过松而失去弹性；若是，应予以调整，使用专用扳手顺时针拧紧调整螺母即可；若已不能调整或弹簧折断，则更换新的减振器，即可排除故障。

五、快速判断电门锁好坏

关闭电门锁，打开前面板，再打开电门锁，用万用表的蜂鸣挡测量电门锁的进、出线是否相通。正常情况下，万用表读数应显示为"0"，或蜂鸣器响（如图5-8所示）。反之，则说明电门锁损坏，应予以更换。

六、快速判断蓄电池好坏

打开蓄电池盒盖子，在不焊开连接线的情况下，用万用表直流电压挡测量单块蓄电池的电压。正常情况下，每单块蓄电池开路电压为10.5～12.8V，若低于10.5V或高于12.8V均为故障，且整组蓄电池中各单体蓄电池的开路电压差不得大于50mV；若电压在10.5V左右，则说明该单体蓄电池有存在短路的可能；若测得电压超过13.4V，则说明该单体蓄电池失水比较严重，或存在硫化现象。有很多情况是因为单体蓄电池之间的连接线老化或螺钉生锈，引起整组蓄电池电压偏低而产生故障，所以上门维修时应带上蓄电池专用连线和专用螺钉（如图5-9所示）。

图 5-8 电门锁通断检测

图 5-9 蓄电池专用连线和专用螺钉

七、快速判断无刷控制器好坏

将万用表置于 $R \times 1k$ 电阻挡，测量无刷控制器的正负电源进线，与电动机三根线之间的正反向电阻值是否相同。具体操作方法如图 5-10 所示。

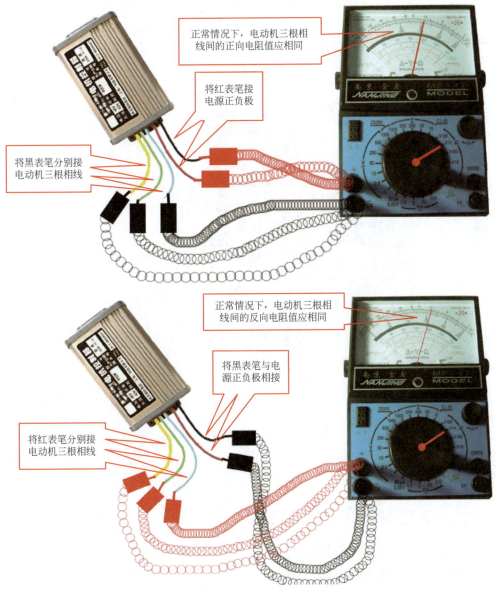

图 5-10　检测无刷控制器操作方法示意图

若正反向阻值相同，则说明该无刷控制器正常；若与一根线正反向电阻阻值不相同，则说明控制器是损坏的；若正负电源进线与电动机三根线之间的电阻阻值相同，再在线检测霍尔元件和手柄之间引出线是否有 5V 以上电源；若否，则说明其损坏；若均正常则说明该无刷控制器是好的。

八、快速判断有刷控制器好坏

有刷控制器故障主要表现为电源故障和主芯片故障。电源故障重点检查有刷控制器内部的三端稳压器，如 7805、7806、7812、7815 等。用万用表直接检测转把的红线和黑线电压是否与标称电压相符（如图 5-11 所示），若不相符且相差较大（大于 0.2V），则说明控制器内部电源有问题，重点检查三端稳压器。

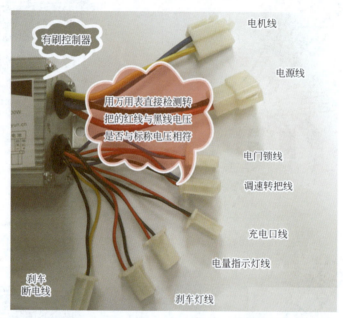

图 5-11　用万用表直接检测转把的红线和黑线电压是否与标称电压相符

主芯片故障主要通过检测其引脚电压值来进行判断，若某引脚电压异常，则检查其外围电阻、电容和晶体管是否正常，若不正常，则更换之，一般可快速排除故障。

九、快速判断无刷电动机好坏

无刷电动机共有 8 根线，3 根大线，5 根小线。短路 3 根大线，无刷电动机有均匀的电磁阻力，无卡阻现象，说明电动机转子是正常的。同时，有较强的电磁阻力，说明定子磁钢也是正常的，若阻力偏小则说明磁钢已退磁。

用 5V 电源接到 5 根霍尔线的红黑线（分别为正、负极），用三个 LED 分别串接三个 300Ω 电阻，三个 LED 分别接霍尔红线，负极分别接霍尔其他三根线（霍尔信号线），转动电动机，三个 LED 灯就会按顺序点亮（如图 5-12 所示）。不亮或者常亮则说明霍尔元件有故障。

图 5-12 快速判断无刷电动机霍尔元件的好坏

十、快速判断有刷电动机好坏

有刷电动机的易损部件主要在换向器、电刷、刷架和线圈。换向器、电刷、刷架可以直观检查，如果磨损严重或存在明显烧黑打火现象，则说明存在故障。

检测有刷电动机转子线圈是否存在故障，可测量其对地电阻，将万用表调至×10k挡，测量电动机出线与机壳的电阻，如果有读数，表明绕组已经对地击穿或者轻微击穿。再将万用表调至×1挡，测量电动机出线的电阻，如果无阻值，表明线圈或者连接线已烧断，如果读数基本为零，表明绕组间已经击穿短路。将万用表接在出线上检测出线电阻，然后慢慢转动电动机，正常应是各绕组均有一定的阻值，且各绕组之间的阻值基本相同。有刷电动机目前在电动自行车上较少应用，但在电动三轮车上则应用较多（如图5-13所示）。

图 5-13 有刷电动机应用在电动三轮车上

第三节 更换转把霍尔元件

更换转把霍尔元件

当转把霍尔元件损坏时,可直接更换转把,也可单独更换转把霍尔元件。

第四节 更换控制器

更换控制器

更换控制器是修理电动车的常用操作,更换控制器之前,先要搞清楚原控制器是有刷还是无刷、输出功率的大小、工作电压、相位角(60°或120°)、刹车电平(高电平、低电平)、转把电压等,用原装控制器更换则以上参数均要相同。若采用通用控制器代换,由于新型通用控制器适应性更强,无论相位角是60°还是120°,刹车电平是高电平还是低电平均可自动适应。所以就无需考虑相位角和刹车电平了,只要电压和功率相同即可代换,电压相同,功率略高一点也可代换使用,但不能高得太多,否则会烧坏电动车的电动机。

采用原装控制器更换时,操作相对简单,因为控制器的参数相同,接口也相同,拆下旧控制器,连接上新的控制器即可使用。实际维修中多采用通用控制器代换旧控制器,这种代换,除了要考虑工作电压、输出功率等因素外,还要考虑接口是否相同,因为通用控制器的接口跟原控制器的接口肯定是不一样的,且插接器连线的颜色也没有统一的标准,也会不一样,这样就给代换带来了难度。

所以,用通用控制器代换旧控制器时,一定要搞清楚控制器每一根线的功能,不同的插接器还有可能要合并连接,一定要掌握接插器的插针冷压端子的制作方法和插针的更换技能(参看本书相关的视频),这样才能更好地代换好通用控制器。有些维修人员采用多连线直接、不用公母插接器而是直接焊接等不规范的代换方法,对后续维修极为不利,不是正规的维修方法。

换控制器时,先连接好电动机线、霍尔线和转把线,再接上电源线试机,看电动机是否转动,转动的方向是否正确,若不转动或抖动,则检查三根相线是否连接正确或调换三根相线的线序。一般情况下,相线的颜色、霍尔线的颜色是基本固定的,不管是原装的控制器还是通用控制器,相线和霍尔线的颜色只要对应连接即可正常使用。当电动机霍尔有损坏时,也会出现抖动的现象。若电动机转动方向相反,则将通用控制器自学习线对接一下,再开机,电动机转动的方向则会改变。

在连接好电动机线、霍尔线、转把线、电源线试机后,电动机能正常转动,则再连接其他的控制线,如刹车线、仪表线、挡位线、倒车线、巡航线、报警器线等连线。连接这些连线,一个总的原则就是先搞清楚电源正极线、地线和信号线,这三种线不能接错。根据旧控制器的公母头连线搞清楚每一根线的作用,再将这些线连接到新的控制器相应的插接器上,有些插接器要合并或分立,以电动车原有接线的插接器为准,也就是说,原电动车连线插接器是几P的,新控制器相应改为几P,这样只需要改动控制器的插接器(注意公母头),电动车原插接器无需改动,更换起来相对简单,而且不易出错。改接插接器需要用到专用的压线钳和自制小改针工具,这些工具的使用在本书已有相关介绍,不再重述。

 提示

更换控制器时,电动机霍尔元件插接器与报警器插接器均为五线插接器,切记别插错了,插错了会烧坏电动机霍尔元件,因为报警器的电压远远高于霍尔元件工作电压。

第五节　更换电动机转子

当电动车电动机转子烧坏时,可直接更换同规格的电动机转子,如图5-14所示。更换电动机转子时先要搞清楚以下几个参数。

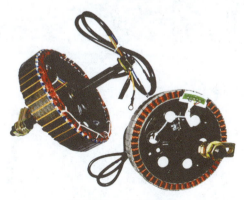

图5-14　电动机转子

① 搞清楚原电动机是几英寸的，是 10in 的还是 16in 的。二轮电动车无刷电动机大多采用 16in 的电动机。

② 原转子磁钢的厚度，通常有 23mm、27mm、30mm、35mm 等几种。更换的新转子磁钢厚度与原转子的磁钢厚度要一致。磁钢是多厚的（如图 5-15 所示），通常称为多少磁的，如磁钢厚度为 30mm，则称为 30 磁钢转子。

图 5-15　磁钢的厚度（单位为 mm）

③ 测量好原转子的直径，新更换的转子直径与原转子的直径要一致，如图 5-16 所示。

图 5-16　转子的直径

④ 确定转子轴的外径和轴承的型号，是 14 轴还是 16 轴，轴承的型号是 6004 还是 6203 等，如图 5-17 所示，这些参数一定要一样，否则新转子装不进原电动机的定子。

更换电动机转子时，先拆除原电动机的端盖，用拉马拆出轴承，更换新转子时，要换用新的轴承，最好将转子与端盖一起更换，这样就更为简单快捷。要注意转子线的出线方向和轴的长度，轴稍长点可以使用，但不能短。

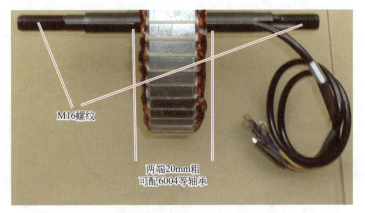

图 5-17 转子轴的外径和轴承的型号

 改装碟刹

胀（鼓）制动电动车可以换成碟制动，碟制动具有制动灵敏、快速的特点，将胀制动电动车换成碟制动之前先要搞清楚原车的制动类别和制动鼓的内径是多少，只有如图 5-18 所示的制动才能改装成碟制动。改装时拆除原制动装置，只保留轮毂上的制动鼓圈，购买改装碟制动改装件，如图 5-19 所示，改装件一般有刹车盘、刹车上泵、刹车下泵、油管、支架和螺钉，按改装件的安装方法进行操作即可改装成功。

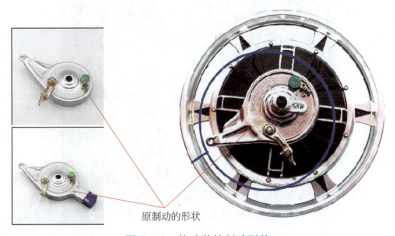

图 5-18 能改装的制动形状

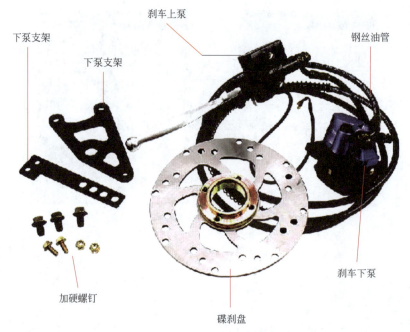

图 5-19 碟制动改装件

安装新碟刹

更换碟刹是一门技术难度较大的活,其改装步骤如下。

① 先拆掉胀(鼓)刹的外壳,拆除胀(鼓)刹的固定螺钉。

② 拆下轮毂轴螺钉,取下轮毂。

③ 拆下轮毂上的刹车总成,只留下拆不下的刹车毂圈,如图 5-20 所示。

图 5-20 拆不下的刹车毂圈

④ 将购买的碟刹改装件中的碟刹片和四个胀紧块用螺钉装好，但不要上紧螺钉，如图 5-21 所示。

⑤ 将上好四个胀紧块的碟片放入原车的刹车毂圈内部，拧紧胀紧块螺钉，一定要拧紧，由于胀紧块的挤压作用，碟刹片与原车的毂圈就构成一个整体，碟片成了原车轮毂的一部分，如图 5-22 所示。

图 5-21　上好四个胀紧块

图 5-22　将上好四个胀紧块的碟片放入原车刹车毂圈内部并拧紧胀紧块螺钉

⑥ 装好下泵和支架到碟刹片上，注意下泵支架和碟片之间要保持 10mm 的间隙，使碟刹摩擦片与碟片之间能正常无间隙地咬合，如图 5-23 所示。

图 5-23　装好下泵和支架到碟刹片上

⑦ 将轮毂轴固定到车架上，然后固定下泵螺钉。
⑧ 装好上泵，固定好油管，如图 5-24 所示。

图 5-24 装好上泵，固定好油管

第七节 更换电动机霍尔元件

更换电动机霍尔元件是电动车维修中较为复杂的一种操作，当电动车的电动机霍尔元件损坏时（一般是同时损坏 2 只），电动车会出现不能行走或走起来一顿一顿的，空转可以但落地无力、抖动、速度正常但慢很多等现象，转动加速转把，电动机无反应。对接控制器的自学习线（选项线，如图 5-25 所示），电动机能慢速转动，此时转动转把，电动机会立即停止并反向转动，但是断开自学习线，电动机立即停止运行，此时转动加速转把，电动机无反应，这是典型的电动机霍尔元件损坏故障。

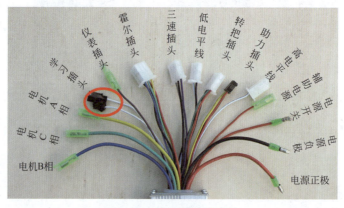

图 5-25 控制器的选项线

当怀疑电动机霍尔元件损坏时，可用修车宝进一步判断电动机霍尔元件是否损坏。方法是将修车宝的电动机霍尔元件检测线接在电动机的霍尔线上，开启修车宝的蓄电池开关，此时慢慢转动电动机，修车宝的三个霍尔指示灯均应有相应的亮灭反应，若其中的指示灯一直常亮或不亮，如图5-26所示，则说明对应的霍尔已损坏，需要更换电动机霍尔。

  提示

部分无刷电动机在用修车宝检测霍尔元件是否正常时，电动机反转修车宝有正常的亮灭反应，正转时则没有正常的亮灭反应，只要在正转时有正常的相位反应，即两个指示灯亮（亮度一致），一个指示灯灭，则霍尔元件是120°相位的，三指示灯均亮（亮度一致）、均灭则霍尔元件是60°相位的。这时不能判断霍尔元件损坏，如果相位角与控制器是对应的，则可加电试机进一步判断。

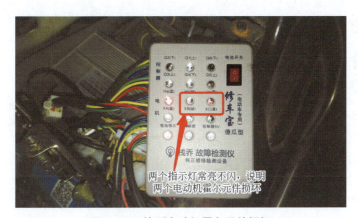

图5-26 检测电动机霍尔元件损坏

更换电动机霍尔元件按以下几个步骤进行。

① 拆除电动机与控制器的连线，将后轮从车架上拆下。由于更换电动机霍尔元件必须要将电动机轮毂与车架分离出来，所以先要将电动机线与控制器分离。同时，不管电动车是采用鼓制动还是碟制动，在更换电动机霍尔元件之前先要将制动系统拆下来，再将后轮从车架上拆下来，拆卸之前一定要对轮轴与车架拍照，记住轮轴与车架之间垫了多少个垫片，以便安装时也装上相应数量的垫片，否则可能会出现安装不正确的情况。

断开电动机连线并拆下轮胎

② 拆下电动机端盖。电动机端盖上有许多固定螺钉，用内六角扳手将端盖上的螺钉一一拆下，在拆之前，先用记号笔在端盖上做个标记，标记出端盖与轮毂之间的相对位置，以便安装时按这个标

拆开电动机端盖

记安装，否则可能会出现转子扫膛现象。拆电动机端盖时，先拆开电动机出线这边的端盖，因为大多数霍尔元件都安装在电动机出线端盖这边（也有例外的情况），拆开一个端盖就可更换电动机霍尔元件。拆电动机端盖时，将所有的端盖螺钉拆除后，在地上放一木块，然后将轮毂出线的另一端的轴对准木块用力砸，这样就可将电动机端盖砸出来。

取出电动机转子

③拆开电动机端盖后，取出电动机转子。由于电动机转子与定子之间有强磁吸力，所以取电动机转子时要用力砸电动机轮毂，这样就可将电动机转子砸出定子，取出的电动机转子应放在柔软的地方，以防碰伤漆包线。

④更换电动机霍尔元件。不管损坏多少个霍尔元件，电动机的三个霍尔元件要同时更换，否则会出现再次烧坏霍尔元件的可能。更换电动机的霍尔元件主要工夫花在拆装机上，所以三个霍尔元件要同时更换，并且要更换质量可靠的，以免再次出现故障。

更换电动机霍尔元件

原装电动机霍尔元件一般是带电路板的，更换电动机霍尔元件主要有两种。一种是购买单个带线的电动机霍尔元件（如图5-27所示），同时买三个与原型号一样就行，更换时可去掉原来的霍尔板，将三个新霍尔元件的连线直接相连即可，三根红线相连为5V电源正极，三根黑线相连为5V电源负极，其他三根分别为三相的信号线，按原来的信号线顺序分别焊接即可。要注意原来三个电动机霍尔元件安装的正反面，是三个霍尔元件字面都在一边还是中间的霍尔元件字面在下面，若是三个霍尔元件的字面都在上面，说明该电动机是120°相位角的，若有两个字面在上面，中间那个字面在下面，说明该电动机的相位角是60°的。电动机相位角是多少在原霍尔板上有标记，标120的为120°相位角的，标60的为60°相位角的。图5-28所示为120°相位角的霍尔板。若控制器是120°的老式控制器，但电动机霍尔极接成了60°相位角，会出现电动机抖动、电动机噪声大、电动机不转等故障现象。不是多模控制器，电动机霍尔元件的相位角一定要注意与控制器对应。

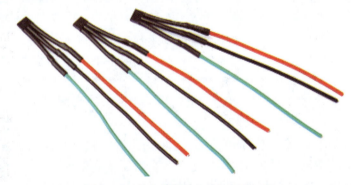

图5-27 单个带线的电动机霍尔元件

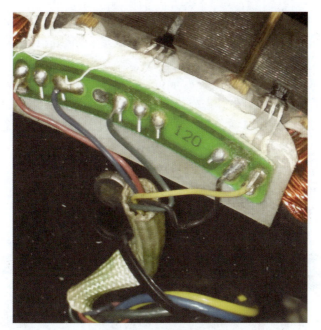

图 5-28　120°相位角的霍尔板

> **提示**
>
> 电动机霍尔线三相线在电动机内部霍尔板上的线序从左到右分别为蓝、绿、黄，如图 5-29 所示，电动机霍尔元件插接器与控制器的插接器对应孔上的插线颜色要一一对应。有时内部线序焊反了，出现电动机不转，则调换插接器上的蓝线与黄线插针。

图 5-29　线序从左到右分别为蓝、绿、黄

还有一种是直接带电路板的新霍尔组件，如图 5-30 所示，红黑线为电源线，

其他三色线为三根信号线。这种霍尔组件比单个的霍尔元件更换起来更方便,拆下原来的霍尔板,直接用三个霍尔元件摆放方向与原霍尔板一样的新霍尔板换上即可,也就是将五根线对应焊接好就行了。

更换新霍尔组件操作要细心,五根霍尔线要焊接牢固,霍尔元件与漆包线之间要垫上绝缘纸,且要用绝缘套管或热缩管套好,因为电动机长时间工作,其内部温度较高,若只用电胶带则可能出现热熔和脱焊现象,一定要用绝缘套管套好并用扎带固定在转子盘上。霍尔组件固定后,还要用耐高温的硅橡胶涂在霍尔元件引线上,如图 5-31 所示,以固定霍尔连线,防止松动。

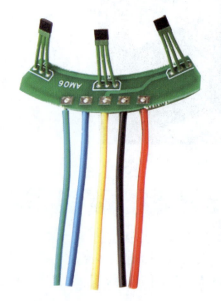 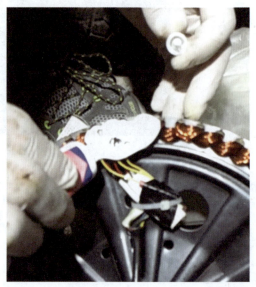

图 5-30 带电路板的新霍尔组件　　图 5-31 用耐高温的硅橡胶涂在霍尔元件引线上

安装电动机端盖

测试新安装的霍尔元件

⑤ 安装电动机端盖。更换好新霍尔组件后,将电动机端盖装上,在装电动机端盖前,先要在电动机轴的轴承上涂上润滑油,再将端盖分别装上。安装时按原标记安装端盖的位置,并要注意新装的电动机端盖装上后是否会刮蹭到霍尔组件,若能刮蹭到霍尔组件,则说明霍尔组件没安装好,要重新压紧霍尔组件,并用硅橡胶固定好,装端盖时,端盖螺钉要对称旋,先将所有的螺钉都旋上,再对称旋紧所有的螺钉。待两边的端盖装好后,要试旋转下电动机定子是否能灵活转动,有没有卡死现象,旋转时有磁阻现象,这是正常的。

⑥ 检测新安装的霍尔元件是否正常。安装好电动机端盖后,先检测新换的霍尔元件是否正常。方法是用修车宝的霍尔检测功能,检测新换的霍尔元件是否可正常工作,若能正常工作,则继续下一步,若不能正常工作,则要重新更换。

⑦ 安装轮胎和制动系统到车架上。检测好新换的霍尔元件能正常工作后，则将轮胎和刹车系统按拆卸的相反顺序安装到车架上。在安装时一定要记得按拆卸时轮轴两边的垫片数量加上垫片，固定好电动机引线到控制器盒，刹车片的活塞要用力按下，使其间隙足够宽，以便能顺利夹到刹车碟片上，最后固定好轮轴的定位片和轮轴大螺母即可。

安装轮胎和制动系统到车架

⑧ 连接电动机线到控制器试车。再次检测电动机霍尔元件正常后，将电动机三根相线及五根霍尔线均与控制器连接好，直接连上后，打开电门锁旋转转把，电动机有时会无反应，这是因为电动机与控制器还没有自学习配合。插上控制器的自学习线，打开电门锁，电动机立即慢慢转动，观察电动机的转向是否正确，若不正确，则关闭电门锁，断开自学习线，再插上自学习线，打开电门锁，这时电动机的转向就会反过来。转向正确后，关闭电门锁，断开自学习线，装上座椅。打开电门锁，转动转把，轮胎就会加速转动，安装完毕。

第八节　拆装电动车

一、轮胎的拆装步骤

（一）护板、轮毂和制动盘的拆装步骤

拆卸电动车轮胎之前，先拆掉护板（如图 5-32 所示），将轮胎和整个轮毂从电动车上卸下。前后胎的轮毂均要卸下，注意后轮毂就是后轮电动机，电动机上带有供电线，供电线不能剪断，只能将线卡剪断（如图 5-33 所示），带线在电动车旁边更换轮胎（如图 5-34 所示）。拆卸后轮时，先将后脚叉竖起，使轮胎悬空，便于拆卸轮毂。

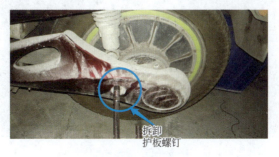

图 5-32　拆掉护板

图 5-33 将线卡剪断

图 5-34 带线在电动车旁边更换轮胎

（二）轮胎的拆装步骤

拆下轮毂后，将轮胎的气放掉，用平头旋具轻轻插入外胎的一边与车圈之间，撬出外胎（注意别扎烂内胎，如图 5-35 所示）。外胎的一边撬出后，若有内胎，则将内胎的气全部放掉，将气门嘴往内推出，拿出内胎。若是真空胎，则没有内胎，只要拆出外胎即可。方法是用撬杆沿撬出的外胎滑动，将外胎全部取出。也可采用专用的电动车拆胎器拆出外胎（如图 5-36 所示）。

图 5-35 撬出外胎

图 5-36 用专用的电动车拆胎器拆出外胎

安装新轮胎则是先给内胎打一点点气,使内胎胀起,再将胀起的内胎塞进新外胎,注意气门嘴的方向和轮胎的花纹方向,"人"字形花的轮胎,"人"的顶部对电动车的前方,不得装反。若不看花纹,在车胎的侧面有一个安装箭头(如图5-37所示),按箭头对准车行前方安装即可。安装时,先将外胎的一边装入轮毂钢圈,再将内胎推进,将内胎放一点气,将气门嘴插入轮毂的气门嘴孔(如图5-38所示),再将外胎另一边撬入轮毂钢圈。再打一点气,使轮胎胀起,外胎压边线与轮毂边缘要保持均匀(如图5-39所示),若不均匀,则用撬杆调节。调节好后,将轮胎打气到标准气压即可。若是真空胎,则没有内胎,其安装方法也是一样的。内外胎安装好后,将轮毂装车架,注意安装轮毂时,主轴上有个定位片(如图5-40所示),要先固定定位片螺钉,再紧固轮毂轴主螺母(如图5-41所示)。然后卡好轮毂电动机供电线,装好轮毂两边的护板即可。

图 5-37 安装箭头

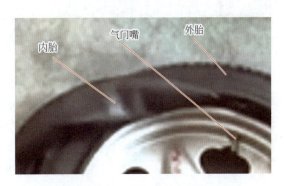

图 5-38 将气门嘴插入轮毂的气门嘴孔

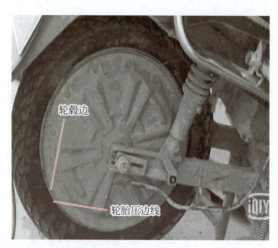

图 5-39　轮胎压边线与轮毂边保持均匀间距

图 5-40　主轴上的定位片

图 5-41　紧固定位片螺钉和轮毂轴主螺母

安装电动车轮毂

　　安装好之后，要调节好制动中心位置螺钉和制动松紧度螺钉（如图 5-42 所示），通过调节中心位置螺钉和制动松紧度螺钉，使电动车未加制动时，轮毂顺畅转动，不能有一点卡阻现象，加制动后，应立即制动不转。安装前轮轮毂则更简单，旋上轴承螺钉即可，老式电动车大多采用鼓刹制动，安装好后要调节鼓刹灵敏度螺钉（如图 5-43 所示）。

图 5-42 调节中心位置螺钉和制动松紧度螺钉

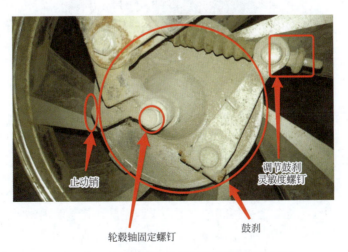

图 5-43 安装前轮轮毂和调节鼓刹灵敏度螺钉

> **提示**
>
> 制动盘有三种,分别是鼓刹、胀刹和碟刹(又称盘刹)。鼓刹是刹车块从里面两边同时往外面推到刹车盘内圈,达到挤紧内圈而制动的目的,胀刹是刹车块从里面单边往外面胀紧,挤紧刹车盘内圈从而达到制动的目的。鼓制动和胀制动统称为毂制动。碟制动则是通过卡钳钳住碟片,从而达到制动的目的。图5-44所示为三种制动实物图。

图5-44 三种制动实物图

二、轮毂电动机的拆装

(一)轮毂电动机供电线的拆装

拆卸电动机之前,应先卸下电动机与控制器的引线,如图5-45所示。注意要记录下电动机引线与控制器引线颜色的对应关系,防止安装时出错。有刷电动机的电动机线只有两根,五根电源正线和一根电源负线。无刷电动机有8根线,三根较粗的相线,五根较细的霍尔线。相线一般采用直连或接线盒连接,只要拆开直连线或接线盒即可，霍尔线一般采用接插件连接，只要拔出插接器即可断开连接。安装则按相反的顺序进行。

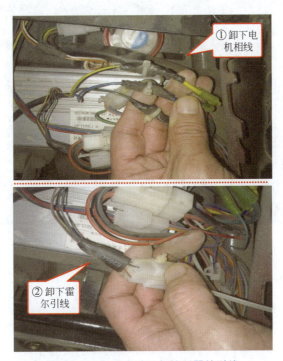

图 5-45 卸下电动机与控制器的引线

（二）轮毂电动机端盖的拆装

拆卸轮毂电动机端盖之前，先要做好端盖与轮毂相对位置的标记。然后拆卸端盖螺钉，有锈迹的螺钉要一边旋转，一边用锤子敲（如图 5-46 所示）。一定要对角松动螺钉，将全部螺钉拆出后，再取出端盖，以免电动机外壳变形，如图 5-47 所示。安装则按相反的顺序进行。注意螺钉也应对角安装再旋紧。

图 5-46 一边旋转，一边用锤子敲

图 5-47　拆卸电动机端盖

（三）轮毂电动机定子的拆装

电动车轮毂电动机的定子是与电动车轮毂构成一体的，将全部端盖螺钉拆下后，再将电动机进线的反面一端朝工作台上或地面轻轻地"蹾"，当听到端盖有松动的迹象时再稍微加重点力"蹾"一下，手顺势压下去防止又吸回来，即可将轮毂与定子分离，如图 5-48 所示。

图 5-48　卸下电动机定子

> **提示**
>
> 值得注意的是：打开轮毂电动机端盖之前应先清洁维修现场，以防止金属杂物被吸在电动机内的磁钢上，造成二次故障。电动车的转子是与扁形电动机轴构成一个整体的，因电动机轴是固定不动的，所以转子变成了"定子"，而轮毂磁钢体本是定子，但因转子不动，所以轮毂磁钢体就变成了"转子"。所以定子与转子是相对来说的，在电动车维修中，定子和转子有混淆称呼的现象存在，但一般也说得通。

三、轮毂电动机的安装

① 轮毂电动机转子与定子的径向间隙叫气隙（空气间隙），一般电动车的轮毂电动机气隙在 0.25～0.8mm 之间，当拆卸完电动机排除了电动机故障之后，一定要按原来的端盖标记进行装配，这样可以防止二次装配后的扫膛现象。

② 安装轮毂电动机的时候，首先应清理电动机部件表面的杂质，以免影响电动机的正常运转，并且一定要将轮毂体固定结实，以免安装时由于受磁钢的强力吸引，造成部件相互撞击、损坏。

③ 在组装有刷电动机之前，请检查刷握里面弹簧的弹性，检查电刷与刷握是否有碰擦，检查电刷在刷握里是否能达到最大行程，注意电刷与换向器的正确定位，以免卡坏电刷或刷握，如图 5-49 所示。

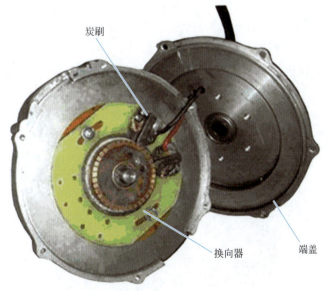

图 5-49 检查有刷电动机电刷组件

提示

安装有刷电动机定子（带磁钢，与扁形轮毂轴在一起，是固定不转动的）时，注意先将电刷的导线绕紧，使电刷刚好与刷握出口平行，以防安装时因强磁吸力而将电刷损坏，等定子和转子安装好后，再将电刷的导线放松。这一点特别重要。

④ 如果有刷有齿轮毂电动机与无刷有齿轮毂电动机运行的噪声开始变大，或者更换了电动机内的齿轮，应将齿轮所有齿面涂满润滑脂，一般使用 3 号润滑脂或厂家指定的润滑油，如图 5-50 所示。

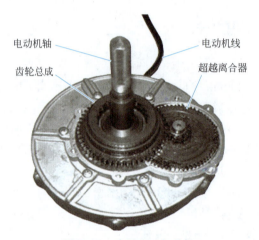

图 5-50　齿轮电动机结构

安装无刷电动机时，只有将 8 根线都连接正确，电动机才能正常运转，若电动机反转，有两种办法解决：一种是把后轮反装；另一种是将电动机的粗线 A、B 插脚互换插针，霍尔信号细线 SA、SC 互换插针，用发夹改成换插针的自制工具如图 5-51 所示，若插针插入插接器内又可轻松拔出，说明插针的倒钩位置太低，应拔高一点即可。目前很多的电动车控制器都具有正反转学习功能，采用控制器的正反转学习功能可有效解决电动机反转问题。

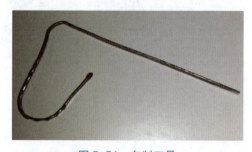

图 5-51　自制工具

提示

轮毂有刷电动机和无刷电动机均是拆装电动机供电线这边的端盖,调相时,电动机霍尔的红、黑线是不用调的。只要调霍尔黄绿蓝三线和相线粗黄绿蓝三线即可,先不要动霍尔三根线,只要调相线看电动机反转与否,若反转则不用调霍尔线了。

四、控制器的拆装

电动车控制器一般位于电动车的座椅之下,所以拆卸控制器之前,先要拆下电动车的座椅,方法是用钥匙打开电动车的座椅锁,拿出座椅内的物品,再用长柄丁字形内六角扳手拆下固定座椅的座位舱上的两颗螺钉。将整个座椅按如图5-52所示往上提起,则可看到电动车的控制器和蓄电池组。

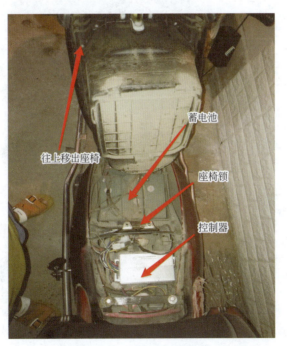

图5-52 将整个座椅提起

关断电动车的电门锁,断开控制器电源,将控制器的外接插件全部断开,用接线盒连接的或直连的则断开接线盒和直连线。再旋松控制器左右两侧的固定螺钉,则可拆下控制器。

安装控制器则按拆卸控制器的相反顺序进行,切记控制器的接插件不能接错。

先连接好电源线和电动机线,再连接其他的专用功能线。连接好后,固定控制器,用扎带将电动机线、电源线等大电流线固定,以防松动造成接触不良而烧坏控制器。同时要装好外壳,以防进水,进水是控制器损坏的主要原因,一定要做好防水处理,最后装好座位舱。

五、液压前叉的拆装

电摩车通常采用液压前叉,它由方向柱和两根铝制的液压减振器组成。拆卸方法如图 5-53 所示。操作步骤如下。

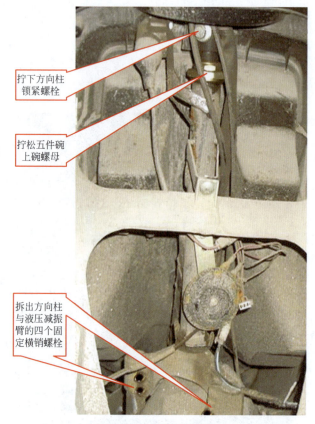

图 5-53　拆卸液压前叉

① 卸下前照灯面板,再拧掉方向柱的锁紧螺栓。
② 使用大活动扳手拧松五件碗上碗螺母,拆下电动自行车支架的固定螺钉。
③ 使用内六角扳手拆出方向柱与液压减振臂的四个固定横销螺栓。
④ 拆下前轮轴两侧的大螺母,即可卸下液压前叉。分解后的液压前叉实物如图 5-54 所示。

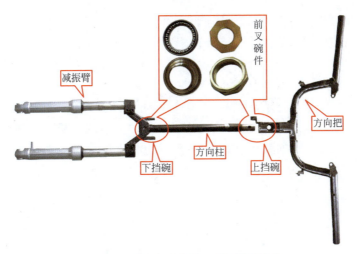

图 5-54　前叉与方向把、减振臂的结构

安装前叉与拆卸步骤相反。具体安装方法及注意事项如下。

① 安装前应先检查前叉下挡碗和钢珠球架与方向柱有无磨损现象，如果发现有磨损严重的情况，应该更换新的挡碗，以免引起转向沉重。

② 将轮胎按箭头为前进方向安放到位，最后将锁紧螺母和车把螺栓拧紧即可。

③ 若安装的为液压前叉，还应对方向柱和减振臂进行检查，看方向柱有无变形，减振臂有无漏油现象。若有这些现象，必须更换，以免引起骑行时方向跑偏、发抖、转向沉重、方向杆震手等故障。

④ 固定前叉应先将双减振臂安装到前轮轴上，如图 5-55 所示。紧固好前轮轴

图 5-55　安装液压前叉示意图

两侧的二个螺母和轮毂上的四个固定螺钉，同时将双减振臂安放到方向杆带丝的螺纹孔内，然后使用内六角扳手拧紧四个横销螺栓，最后锁紧上碗螺母，拧紧方向柱螺栓即可。

⑤ 装好前叉后应调整轴承的间隙，并正确装配挡碗，不能一边高一边低，其间隙的大小，以转动车把感觉到无较大的轴向间隙，也不感觉沉重为合适，不允许有较大的轴向间隙，以免降低推力轴承及挡碗的使用寿命。车把把心螺栓一定要紧固，否则会造成车把与前叉转角的不一致，引起翻车的危险。

第六章

电单（摩）车故障维修案例

 雅迪电动车故障维修

一、故障现象：雅迪68V电动车仪表能显示，但不能启动

维修过程：根据故障现象可初步判断为蓄电池或线路故障，首先检查蓄电池（该车原厂装配为4组天能蓄电池，如图6-1所示），用万用表检测蓄电池组的电压约为59V，说明蓄电池电量较低。再将蓄电池连接线断开检查单格蓄电池的电压，其中一组蓄电池的电压约为8V，明显偏低，说明该组蓄电池严重老化损坏，需要更换。

故障处理：更换损坏的单格天能蓄电池后，试车，车子启动正常，故障排除。

 提示

若更换蓄电池组，应检查充电器是否能与之匹配，不符合的不能更换。

图6-1 检查蓄电池

二、故障现象：雅迪68V直流无刷电动自行车转动转把车子不走

维修过程： 根据故障现象可初步判断为蓄电池或电动机故障，需要拆板维修。本着先易后难的维修原则，首先检查蓄电池组电压69V，正常，测单格蓄电池电压17V，也正常。然后检查电动机，撑起车使后轮腾空，打开电源锁，用万用表的黑表笔插电动机霍尔元件的负极线，红表笔分别插电动机霍尔元件三根信号线，测量时用手慢慢地转动电动机，霍尔元件电压没有明显变化，说明电动机霍尔元件损坏。拆开电动机后，又用修车宝确认2只YS41F霍尔元件已坏，如图6-2所示。

图6-2 霍尔元件

故障处理：同时更换 3 只 YS41F 电动机霍尔元件，即可排除故障。

 提示

电动机霍尔元件安装在定子铁芯开槽内，要求平行于磁钢，才能获得稳定的 PWM 输出信号。安装霍尔元件时，应使用胶水将其固定，否则容易使位置发生变化，信号不稳定，而导致电动机整体工作效率降低，甚至霍尔元件脱落引起电动机缺相或者失效。

三、故障现象：雅迪充电器（SP330B）充电时间较短

维修过程：出现此类故障首先检测蓄电池组本身容量是否减少、性能是否变劣，若蓄电池正常，则检查充电器温升是否过高；若充电器温升过高，则检查充电器风扇是否工作；若风扇未工作，则检查风扇内有无异物卡住；若未卡住，则把风扇从充电器上拆下，另外接上 12V 直流，看风扇能否转动；若风扇立即转动，则检查控制风扇的三极管是否有问题。充电器电路板如图 6-3 所示。

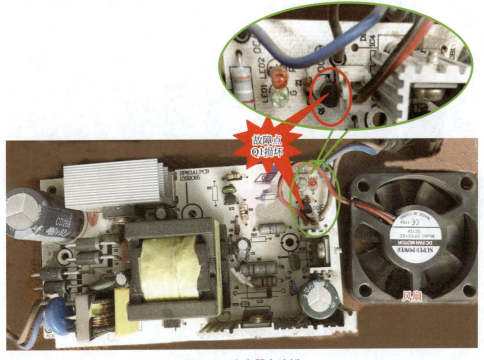

图 6-3　充电器电路板

故障处理：经检测为风扇控制电路中 Q1 损坏，使风扇停转，充电器内温升过高而使保护电路工作，造成充电器提前停止对蓄电池进行充电，从而出现了上述故

障。更换 Q1 后故障排除。

> **提示**
>
> 风扇不转，绿灯常亮，这是正常充满情况的表现，或是没有连接好接线；充电指示灯是红色，充电进行中，风扇不转应该是风扇或者风扇电路有问题。

四、故障现象：雅迪电动车不能调速

维修过程：当刹把、调速转把、电动机、控制器有问题均会引起电动车不能调速。检修时，首先拔下刹把插座（常开型刹把），转动转把观察电动机是否运转；若电动机能运转，则说明问题出在刹把上；若测转把 5V 供电电压正常，则转动转把，观察转把信号电压是否正常；若信号电压无变化或电压偏小，则检查转把或转把线（图 6-4）是否存在短路。若转把信号电压变化正常，则用手慢慢转动电动机，测电动机三相霍尔信号（黄、绿、蓝线）电压是否正常（正常时每相电压应在 0～5V 之间变化），若三相霍尔信号线电压全部为 5V 且接触良好，则电动机霍尔元件损坏，应更换电动机或电动机霍尔元件；若每相电压变化正常，且供电正常，则说明问题出在控制器上。

图 6-4 转把

故障处理：本例查为转把有问题所致，由于调速转把维修费用并不低，而维修后性能也可能不稳定，故一般都是选择更换新的转把。

提示

对不分挡的电动车,可通过改变电位器来进行加速,其原理是控制器给电动机的电流是靠电位器调节的,电流通过的越大,速度就越快;电动车可能存在限速线(目的就是限制电动自行车的速度),若没有拔限速线,则将限速线拔了,速度就能上去。

五、故障现象:雅迪电动车打开电门锁仪表显示正常,但转动转把车轮不动,过一会儿又能转动,行驶一段路程后车轮又不动了

维修过程:根据故障现象可初步判断为调速系统存在故障。用万用表电压挡测调速转把电源端 5V 正常,旋动转把时测信号端无电压变化,说明调速转把霍尔元件有可能损坏。卸下后视镜、车头盖,再拧下调速转把两个固定螺钉,将调速转把从车上卸下。检查霍尔元件,发现信号线(绿线)虚焊,轻轻一拉就断了,如图 6-5 所示。

图 6-5 雅迪电动车调速转把信号线虚焊

故障处理:重新把调速转把信号线引脚焊牢,套回热缩管,试机,打开电门锁,转动转把,电动车能正常提速行驶,故障排除。

 提示

仪表显示正常,电动机不转,关键应测量转把 5V 电压是否正常,若正常,则检测转把信号电压,转动转把,信号电压应在 0.8~4.2V 由低向高变化。如电压无变化且小于 1V,则为转把故障或转把线有短路。

六、故障现象：雅迪电动车灯不亮，喇叭也不响

维修过程：首先检查蓄电池电压是否不足造成欠压保护，若正常则检查线路接触是否不良或断路；若线路正常，则检查灯泡开关或喇叭按钮是否烧坏、灯泡或喇叭是否烧坏；若以上正常，则检查转换器是否有问题（如熔丝损坏、转换器输入输出电路有问题）。电动车转换器有三根线（黑、红、黄线），若测转换器黑线和黄线有输入电压，但测黑线和红线无输出电压或是电压较低，则可判定该转换器（图6-6）损坏；反之如果有12V正常电压，说明转换器正常。

图6-6 转换器外形与内部结构

故障处理：实际中转换器问题较多见，更换新的同型号转换器，故障即可排除。

> **提示**
>
> 安装转换器时应该把黄线接蓄电池的正极线，把红线接设备（比如灯、喇叭、音响）的正极线，再把蓄电池的负极线和设备的负极线都接在黑线上（所以黑线叫公共线），注意不要接错线，否则转换器会立即烧毁。

七、故障现象：雅迪电动车上坡或载重时电动机不转

维修过程： 当调速转把有问题、电动机霍尔元件有故障、电动机相线短路、控制器 MOS 管故障、蓄电池电量不足等均会导致电动车电动机不转。首先在转把处更换新转把，故障依旧；再从控制器附件接上新转把试验，故障消失，故判断转把插件存在接触不良。雅迪电动车转把如图 6-7 所示。

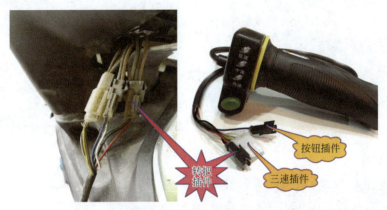

图 6-7 雅迪电动车转把

故障处理： 检查转把插件正常，用扎带把转把插件扎好后故障排除。

> **提示**
>
> 当遇到电动车电动机不转时，检修时第一反应都是电动机出了问题。其实不然，遇到电动车电动机不转，可先去查看一下调速转把是否正常。如果调速转把出现故障，那么就会引起电动车电动机不转。对于这样的问题，通常可以选择更换调速转把，就可以解决电动车电动机不转的问题。

八、故障现象：雅迪电动车通电后不能充电

维修过程： 出现此故障时，首先检查插接器或插座是否因打火引起接触不良或线路虚焊，若插接器或插座良好，则检查蓄电池是否损坏、老化或寿命到期；若蓄电池电压正常，则说明问题出在充电器上。

拆开充电器机壳，目测电路板（图 6-8）上的各个元件是否在外表烧黑或有电解液溢出，是否存在异味等；若观察到保险管熔断，说明充电器的内部电路存在短路或过流的故障，此时测 400V 滤波电容是否能进行正常充放电、开关功率管（CS20N60）是否击穿损坏、UC3842 及周围元件是否损坏、光电耦合器等元件是否良好。

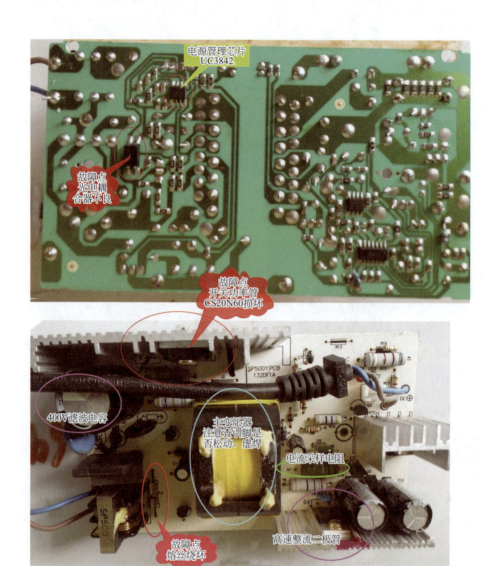

图 6-8　充电器电路板

故障处理：本例查为保险管 FU1 爆裂、CS20N60 功率场效应管击穿、光电耦合器损坏，换上 3A 保险管，在充电器 220V 输入端串上一个 100W 灯泡后试机，一切正常后，再更换所有损坏元件，故障排除。

> **提示**
>
> 在路检测各元件时，测量结果有可能有误或造成误判，因此必要时可把元器件焊下来再测量。该电动车充电器型号为 SP500-72（72V/20A·h/SP-W），输入 AC220V/50Hz/260W、输出 DC72V（最高 88.5V）/2.5A。

九、故障现象：雅迪电动车转动转把，车子不走

维修过程：转动转把后，若是全车失电（显示屏不亮、电动车灯光与喇叭均没电），则打开坐垫看保护开关是否跳闸；若不是全车失电，可捏下刹车，观察尾灯是否亮，尾灯亮的话则可能是刹车断电开关损坏；若尾灯不亮，则检查转把线是否拉断。若转把线、刹车断电开关正常，则检查其他的几个主要线路问题，如电门线、电动机线和霍尔线出现断线、掉线等问题。若以上检查均正常，则检查控制器（如图6-9所示）是否有问题。

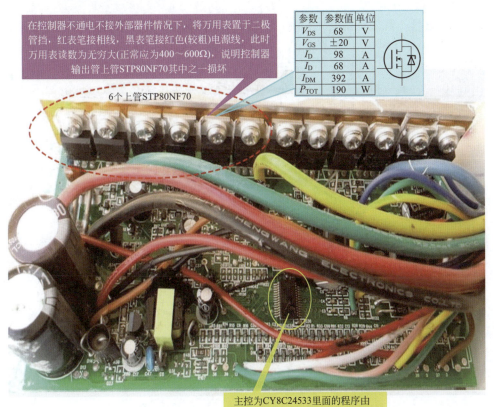

参数	参数值	单位
V_{DS}	68	V
V_{GS}	±20	V
I_D	98	A
I_D	68	A
I_{DM}	392	A
P_{TOT}	190	W

在控制器不通电不接外部器件情况下，将万用表置于二极管挡，红表笔接相线，黑表笔接红色（较粗）电源线，此时万用表读数为无穷大（正常应为400～600Ω），说明控制器输出管上管STP80NF70其中之一损坏

6个上管STP80NF70

主控为CY8C24533里面的程序由厂家定制编写，原则上不能互换

图6-9　控制器（12管500W）

故障处理：本例查为控制器输出管上管STP80NF70损坏，更换损坏的输出管STP80NF70后故障排除。

 提示

该车控制器采用12个输出管，6个上管STP80NF70和6个下管2SK4145。

第二节 台铃电动车故障维修

一、故障现象：台铃 60V/20A·h 电动车充电后骑行不久就提示电量不足

维修过程：首先将蓄电池充满，然后立即进行放电，用万用表测量充电接口的电压有 61.9V，说明电量是充足的。打开电门锁，此时仪表指针指示不满电状态，但有时重新关闭电门锁再开一下，电量指示又恢复正常，故怀疑问题出在电门锁上（图 6-10）。将面板拆开，然后将门锁的两线直接相接，试车后未出现电量不足提示，故判定问题出在电门锁上，经查为电门锁间隙过大，导致接触不良。

图 6-10 电门锁

故障处理：更换电门锁后故障排除。

> **提示**
>
> 电门锁上红线接电源正极，黑线为输出端。

二、故障现象：台铃 60V/20A·h 电动车充电时，充电器指示灯不亮

维修过程：出现此故障应按以下步骤进行判断：首先检查充电器指示灯是否烧坏，若充电器指示灯正常，则用万用表检测有无直流电压输出，若无直流电压输出，则检查充电器主板（图 6-11）上保险管 FU1、电源管理芯片 UC3844A、开关管 V1（CS20N60 场效应管）等元件是否有问题。

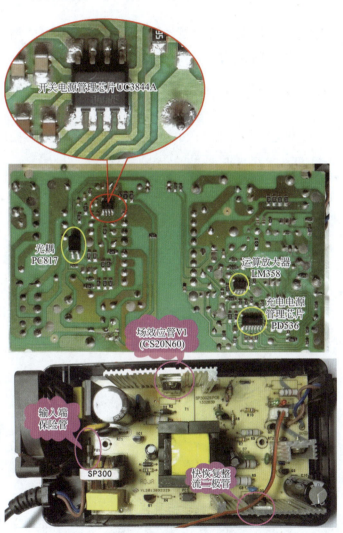

图 6-11　电动车 60V/20A·h 充电器电路板

故障处理：本例查为保险管 FU1 熔断、电源管理芯片 UC3844A 损坏，从而造成此类故障，更换保险管 FU1 及电源管理芯片即可。

> **提示**
>
> 由于电动车充电器的输入电路工作在高电压、大电流的状态下,因此故障率最高。一般情况下,熔丝管、熔断说明充电器的内部电路存在短路或过流故障,而整流二极管、电源滤波电容、开关功率管 V1、UC3844 为易损件,损坏的概率可达 95% 以上,要着重检查这些元器件,就很容易排除故障。

三、故障现象:台铃 60V/20A·h 电动车打开电门锁后能启动,但走几米后就不能动了

维修过程:首先检查是否为电量不足,使控制器处于欠压保护状态,若电量充足,则检查线路是否有问题。打开电门锁,测控制器锁线电压是否有,转把的 5V 供电线、霍尔的 5V 供电线是否正常;手慢慢拨动电动机轮子,测控制器三根相线是否有感应电压,霍尔线三根信号线(黄绿蓝)电压是否正常(随转动有 0~5V 转变,有转变电压说明霍尔正常);测转把信号线是否有问题(测转把未拧动时是否有 0.8~1.0V 电压,拧到最大时是否有 3.5~4.0V 电压,有转变电压,转把正常)。当检测线路均正常,则说明问题出在控制器上(图 6-12)。

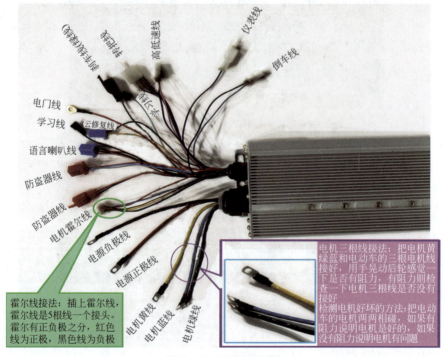

图 6-12 控制器接线

故障处理：本例查为电动机霍尔线接触不良，重新插接电动机线即可。

> 💡 **提示**
>
> 电动车都有一个欠压值，当行驶到欠压点控制器就会停止供电骑行或速度减慢。48V 的电动车欠压点为 42V，60V 的电动车欠压点为 52V。

四、故障现象：台铃电动车一充电指示灯就变绿灯，但提示电量不足

维修过程：出现此故障时，首先排除充电器（图 6-13）问题，如查充电器输出插接器与蓄电池盒的充电插接器是否插紧，充电器的焊接点是否接触不良或元件是否有问题；若充电器正常，则检查电动车蓄电池是否存在老化，进入衰退期。

图 6-13　充电器（48V 2A 铅酸蓄电池充电器）内部结构

故障处理：本例查为充电器保险管烧坏，更换充电器即可。

> **提示**
>
> 检查充电器时,可在通电状态下,测输出插接器直流电压是否正常(48V 充电器电压在 53V 左右,60V 充电器电压在 67V 左右);若无电压输出,则说明充电器输出线断路,然后找出断路点并接上即可。

五、故障现象:台铃电动车仪表显示正常,但电动机不转

维修过程:拔下刹把插座,看电动机是否运转;若电动机运转,则说明是刹把故障,若故障依旧,则用万用表直流电压挡测控制器输出端红色接线(接转把线的插接器),如有 5V 左右电压输出则控制器正常,如无电压输出则控制器烧坏,需更换控制器;若控制器正常,则检查电动机各接线头是否松动;若接插接器都正常,则将电动机与控制器的连线断开,其余线均接好,慢慢转动电动机,用万用表测霍尔线,看信号是否有电压变化,若有一相无变化,则是电动机霍尔元件烧掉,造成缺相,需更换电动机。电动机内部检修如图 6-14 所示。

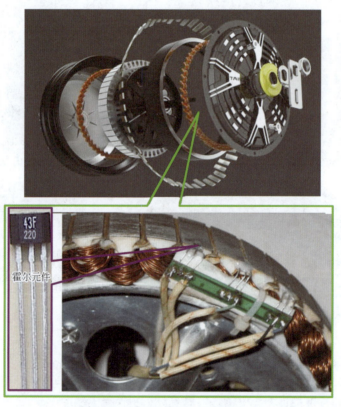

图 6-14 电动机内部检修

故障处理：当确定霍尔元件已经损坏，为保证电动机换相准确，应将三个霍尔元件同时更换，且要更换三个同型号的霍尔元件。

 提示

更换霍尔元件的过程中首先记下霍尔元件的排列顺序，有字的一面为正面，没字的一面为反面；从正面看它的三个脚分别是正极、负极、信号；如三个霍尔元件排列顺序为正、正、正，则为120°电动机，如是正、反、正，则为60°电动机；在焊接过程中尽量用小功率的烙铁，拆一个换一个，三个接线要正确，且速度要快，温度不要过高，以免损坏霍尔元件。

爱玛电动车故障维修

一、故障现象：爱玛电动车按喇叭电表就急速下降，且打开前照灯时两个转向灯会微弱发亮

维修过程：出现此类故障时，首先检查线路是否短路，电动机是否因雨天骑行造成进水而短路，若无短路，则检查电路系统是否因进水或受潮造成漏电；若无漏电，则检查公共负极线（俗称搭铁线，蓄电池负极）是否断路或接触不良。

故障处理：实际维修中因公共负极线断路或接触不良，从而造成此类故障较常见。找到线路故障点，重新接好，并用防水胶布包扎即可排除故障。

 提示

查找此类故障点时，应重点检查电动车车头位置处的公共负极线，是否因车头转向时长期活动产生摩擦而被磨断。

二、故障现象：爱玛电动车充电器不能充电

维修过程：当充电器或蓄电池熔丝烧坏、蓄电池组接线脱落、蓄电池组充电插座损坏、蓄电池损坏均会引起不能充电。检查充电器时，发现3A熔丝F1已熔断，说明充电器的内部电路存在短路或过流故障，细查电路板上的各元件，查功率管4N60烧断、电流采样电阻R1也烧坏，将损坏的元件全部更换后，通电测试无直

流电压输出，测芯片 UC3844 及外围元件（图 6-15），发现 UC3844 芯片供电滤波电容 C10 虚焊。

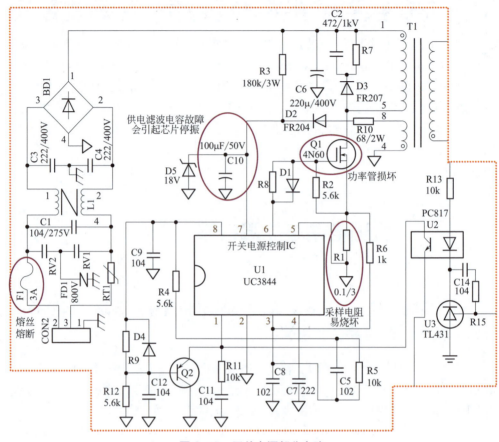

图 6-15 开关电源部分电路

故障处理：对滤波电容 C10 进行重焊后故障排除。

提示

该充电器型号为 SP80-36B，电路是典型的 3844 开关电源电路，低压边有智能芯片控制三段式的充电过程。由于充电器长时间工作在高电压、大电流的状态下，内部器件的故障率较高。另外，电网电压的波动，浪涌都会引起充电器内电流瞬间增大而使熔丝熔断。

三、故障现象：爱玛电动车充电器充满电后红灯不灭

维修过程：当充电器有问题，蓄电池缺水均会引起此故障。首先对蓄电池气密

性进行检查，蓄电池是否存在漏气或外部伤害导致的裂纹等，其次检查安全阀周围是否有严重腐蚀现象，再检查密封圈等容易老化的部分构件是否有问题。用温度感应器检测蓄电池（图 6-16），首先检测一块没有充电的蓄电池外壳正常温度，然后用温度感应器检测可疑蓄电池（必须要充电一个多小时后才能检测）的外壳温度，未充电的蓄电池温度与已充电的蓄电池温度相差 5℃以上说明该蓄电池缺水，温度差别越大，说明缺水越严重。若蓄电池组无异常，则检查充电器本身是否存在故障。

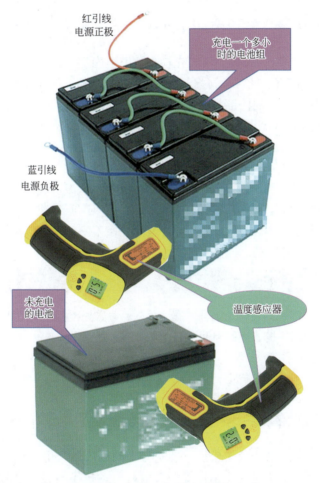

图 6-16　温度感应器检测蓄电池

故障处理：蓄电池缺水导致的充电器红灯不转绿灯更为常见，这是由于蓄电池在使用一年左右都会存在不同程度的缺水现象。如果经常出现红灯不转绿灯充电会导致蓄电池发热鼓胀，进一步加重缺水情况；如果不及时处理可能导致蓄电池报废。

提示

普通蓄电池上会有加水的盖子，拧开就可以了；一般的免维护蓄电池，需要自己在顶上钻开，加完水后要封好，加水到淹没极板 1cm 即可，蒸馏水或纯净水都可以，严禁用自来水和矿泉水。加水后充电，蓄电池电压会有所降低，但是容量会增加。

四、故障现象：爱玛电动车充电器充满电后红灯不灭

维修过程： 出现此故障时，可首先检查蓄电池内部是否严重失水，造成蓄电池末期电流增大，而使充电器充满后充电指示灯仍不熄灭；若电解液面正常，则应检查蓄电池组内某节蓄电池内部是否发生短路，造成蓄电池组电压过低。若蓄电池组也无异常，充电时的环境温度也未过高（充电时的环境温度过高，使蓄电池组内漏电流增大，末期电流无法降低也会造成充电器充满电后红灯不灭的现象），则应检查充电器本身是否存在故障。

故障处理： 实际维修中因充电器本身存在故障，从而造成此类故障较常见。更换新的充电器故障即可排除。更换的充电器最好为原厂原装配件，以免插接器的电极不一致，造成充电器损坏。插接器与蓄电池插座不配套，不能进行充电。充电器与蓄电池的性能不相匹配，不能达到最佳充电效果。

 提示

充电器损坏的原因主要是因剧烈振动，从而导致充电器控制环路发生接触不良或开路，造成电压失控，使蓄电池过充，充电器无法正常转态，蓄电池充满后红灯仍未熄灭，甚至充胀蓄电池。

五、故障现象：爱玛电动车打开电源锁后电动机不转

维修过程： 当蓄电池接线松动、控制器电源线脱落、电动机插接器松脱或受损、调速手柄或制动断电开关不良等均会引起电动机不转。检修时，首先打开电门锁，若仪表显示正常，用力转一下轮子也很顺畅，故初步判断控制器无问题，拔掉转把插件，然后短接控制器转把细红线与信号细绿线，电动机能运转，说明问题出在转把上；若打开电门锁向前转动轮子顺畅，向后转动有阻力，说明刹车电路有问题，此时若拔掉刹车断电插件能运转正常，说明刹把回位不良；若以上检查均正常，则检查电源盒内蓄电池连接导线是否松动、断裂，蓄电池是否变形、漏液等；

若蓄电池正常，则检查电动机是否有问题（电动机故障的主要原因是电动机霍尔元件坏或电动机轴承坏）。电动机霍尔元件如图 6-17 所示。

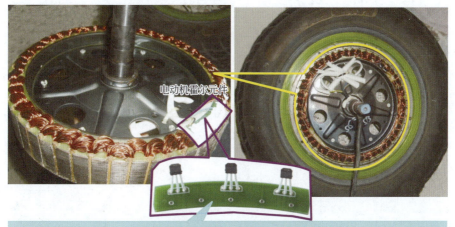

更换霍尔元件时，应首先记下霍尔元件的排列顺序，有字的一面为正面，没字的一面为反面。从正面看它的三个脚分别是正极、负极、信号。三个霍尔元件要同型号，不能相混搭配，且三个同时换掉。如三个霍尔元件排列顺序为正、正、正，则为60°电机，如是正、反、正，则为120°电机。在焊接过程中尽量用小功率的烙铁，拆一个换一个，三个接线要正确，且速度要快，温度过高会使霍尔元件损坏。

图 6-17　电动机霍尔元件

故障处理：该机检查为电动机霍尔元件损坏，更换电动机霍尔元件即可。

 提示

这是一种比较常见的现象，一般的解决方式是更换电动机霍尔元件，就可以解决电动车电动机不转的问题。电动机霍尔元件损坏一般表现为电动车不走，起步无力、抖动、噪声大，用脚推一下才走；而电动机轴承损坏一般表现为电动机"嗡嗡"响，声音大，严重的话卡死电动机。

六、故障现象：爱玛电动车电动机时转时停

维修过程：当蓄电池、控制器、调速手柄、线路、电动机等有问题均会引起电动机时转时停故障。检修时，首先检查蓄电池是否有问题，如电量不足、蓄电池触点接触不良、蓄电池盒内熔断器与熔丝座间接触不良等；若蓄电池正常，则检查调速手柄内感光片、感光管内是否有污垢，调速手柄引线是否为似断未断，制动闸把是否有问题；若把手正常，则检查线路内接插件是否虚接；若以上均正常，则检查控制器是否有问题；若控制器正常，则检查电动机本身是否有问题（如查电动机内电刷、导线、绕组虚焊、虚接）。该车为无刷智能控制器，其电路原理框图如

图 6-18 所示，供维修检测代换时参考。

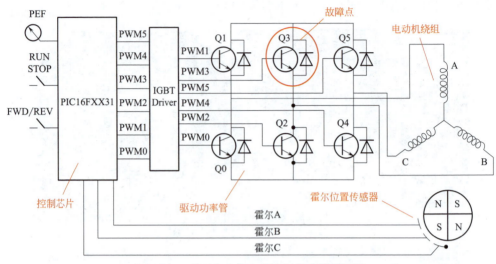

图 6-18　爱玛电动自行车控制电路原理框图

故障处理：本例查为控制器内部功率管 Q3 焊点松动，从而造成故障的发生，更换功率管 Q3 后故障排除。

 提示

> 更换新的控制器前，应先检查转把和电动机霍尔开关是否短路。安装控制器时，注意各插接件应插接可靠，特别是正负极电源线不能反接，以免再次损坏控制器。

七、故障现象：爱玛电动车平坦路面能正常行驶，但在颠簸路面，电动机就不转，行驶速度指示灯不亮，其他灯均亮

维修过程：出现此故障时，首先更换调速转把，看故障是否排除；若故障依旧，则检查控制器与电动机各引线插件是否接插牢固；若各插件正常，则检查蓄电池是否正常；若蓄电池性能良好，则检查控制器是否存在问题；若控制器正常，则检查电动机是否存在问题，电动机霍尔元器件是否损坏；若上述部位均无异常，则检查刹把是否损坏。刹把如图 6-19 所示。

故障处理：实际维修中因刹把老化，内部弹簧失去弹力，造成刹把与调速转把之间的小凸起按钮无法正常关合，从而造成颠簸路面上行驶时电动机无电停转。更换相同型号的刹把即可排除故障。

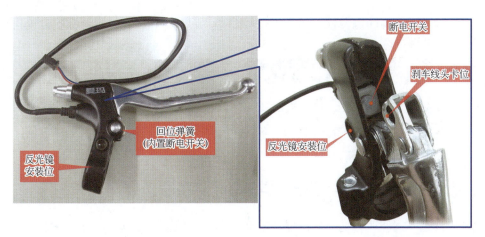

图 6-19 刹把

> **提示**
>
> 断电开关有两种,一种外置,一种内置。外置是由一颗螺钉固定,两个插接器,拔下插接器拆螺钉就能取下,而内置的则要拆手柄。

八、故障现象:爱玛电动自行车(通用型)电源灯和车灯都不亮,按喇叭也不响

维修过程: 根据故障现象可初步判断为蓄电池或线路存在故障,需要拆板维修。首先检查蓄电池接线和电量均正常,打开电源锁用万用表测蓄电池至电源锁无电压,再拆开后座检查控制器,发现控制器的电源负极线已磨断,如图 6-20 所示。

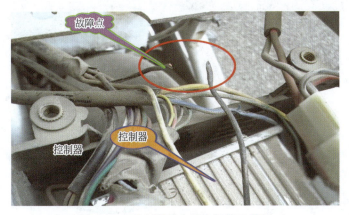

图 6-20 控制器的电源负极线已磨断

故障处理： 关闭电源锁，重新连接好控制器的电源负极线，用绝缘胶带包扎好后试车，故障排除。

 提示

造成该类故障多是因为控制器线束与后座长时期磨损所致，排除故障时应用扎带将后座处的线束固定好，以免再次发生同样的故障。

九、故障现象：爱玛电动自行车电动机转速变慢

维修过程： 调速转把、控制器、电动机有问题均会导致电动机转速变慢。首先用万用表检测调速转把信号线（绿线，如图 6-21 所示）电压是否正常，当转把旋至最大角度时，测得调速电压偏低（正常值应为 4.2V），查为调速转把损坏，导致电动机转速变慢。

图 6-21　调速转把

故障处理：更换调速转把后故障排除。

 提示

安装时最好把电线的插接器处用防水电胶布包扎好，以免雨天骑行时进水或受潮造成短路故障。若怀疑转把有问题，快速的办法就是用一个新的转把替换下试试。

十、故障现象：爱玛电动自行车转动转把车子不走

维修过程：根据故障现象可初步判断为控制器（控制器型号 WK6050G-GD）故障，需要拆板维修。在控制器不通电不接外部器件情况下，用万用表"二极管"挡红表笔接相线，黑表笔接红色（较粗）电源线，万用表显示为无穷大（正常应为 $400\sim600\Omega$），说明控制器输出管上管（EABCB1529）其中之一损坏，如图6-22所示。

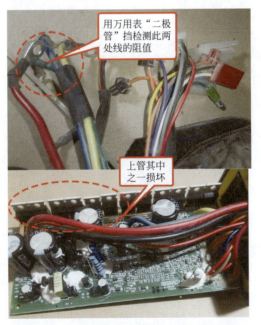

图6-22 控制器输出管上管（EABCB1529）

故障处理：更换损坏的输出管上管 EABCB1529，即可排除故障。

 提示

该车为12管控制器，6个输出上管（EABCB1529），6个输出下管（EABCB1530）。

第四节 新日电动车故障维修

一、故障现象：新日电动车（通用型）通电后仪表显示正常，但不能调速

维修过程：当刹把、调速转把、电动机、控制器有问题均会引起此故障。首先拔下刹把插座，故障依旧；然后检测转把 5V 电压正常，转动转把，测信号电压能由低向高变化，故排除转把有问题的可能；再分别检测电动机霍尔信号线，用手慢慢转动电动机，每相电压能在 0～5V 之间变化，且供电正常，故判定故障在控制器。拆下控制器检查功率管是否损坏、检测电流取样的康铜丝是否烧断。该机控制器如图 6-23 所示，型号是新日 4835。

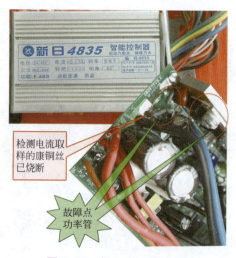

图 6-23　新日 4835 控制器

故障处理：更换功率管，并焊接好康铜丝，或更换同型号控制器，即可排除故障。

二、故障现象：新日电动车充电时发出爆炸声

维修过程：出现此故障时应迅速切断电源，然后检查蓄电池连接线是否碰头；若连接线正常，则检查蓄电池是否损坏；若蓄电池正常，则检查充电器是否有问题。通电检测充电器输出端电压高于 65V，故初步判断机内开关电源振荡失控，检

查电压取样电路、光电耦合器、精密稳压器TL431及电源芯片等元件，发现TL431断路、输出电容C2爆裂、光耦损坏，从而导致充电器电路板上的输出电路发生爆炸现象。充电器局部电路如图6-24所示。

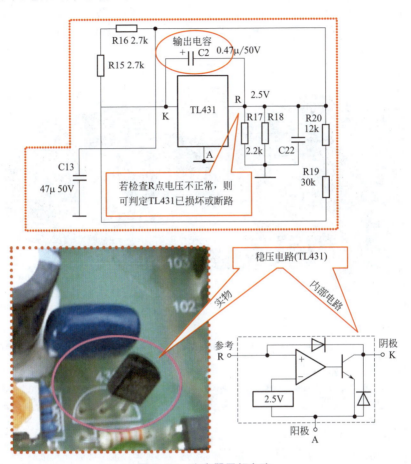

图6-24 充电器局部电路

故障处理：更换TL431、光耦、电容C2后故障即可排除。

  提示

在充电器中，直流输出、取样电阻、误差取样放大器、光电耦合器、电源控制芯片等共同构成了一个闭合的控制环路，任何一处有问题均会导致电压升高。

三、故障现象：新日电动车打开电门锁后，整车无电

维修过程：出现此类故障时，首先检测总电源开关（外形像空气开关，如图6-25

所示）是否正常，如开关处于关闭状态或损坏；若总电源开关正常或部分电动车车型无总电源开关，则检查蓄电池接线是否松动；若蓄电池接线正常，则检查电门锁是否有问题（连接电源锁处有个插接器，用电线或其他能导电的东西把两根线直接连在一起，看下有没有反应，有电说明是电源锁问题）；若电门锁是正常的，则检查蓄电池保险管与保险座之间是否接触良好、熔丝是否熔断；若以上检查均正常，则检查控制器是否有问题。

图 6-25　总电源开关

故障处理：实际维修中因电源开关损坏，从而造成此类故障较常见。更换新的同规格电源开关，故障即可排除。

> **提示**
>
> 总电源开关的检测方法：打开总电源开关，用万用表欧姆挡检测电源开关的输入端，与输出端之间的电阻值，若测得为无穷大，则可判断电源开关损坏。

四、故障现象：新日电动车电动机不转

维修过程：出现此故障时应首先检查熔丝是否熔断，若更换熔丝后故障不变，则检查电源开关是否损坏；若电源开关正常，则检查霍尔转把是否损坏；若用新的同类型转把代用后故障不变，则检查控制器是否烧坏；若控制器正常，则检查电动机插接器是否松动或电动机是否烧坏，蓄电池盒是否放入车架时不到位、触点接触不良。

故障处理：实际维修中因电源开关损坏，从而造成此类故障较常见，更换新的同规格电源开关，故障即可排除。

提示

电动机是否有问题的检测方法：将电动机与控制器的连线断开，其余线均接好，慢慢转动电动机，用万用表测霍尔线，看信号是否有电压变化，若有一相无变化，则说明电动机霍尔元件已烧坏而造成缺相。

五、故障现象：新日电动车前照灯不亮

维修过程：出现前照灯不亮时，首先打开灯开关，看仪表显示是否有电；若仪表显示有电，则问题出在前照灯上，此时将万用表两表笔分别插入前照灯线上，打开前照灯电源开启开关看是否有电压输出；若有电压显示说明前照灯灯丝断或灯线灯座接触不良。若仪表显示不亮，则问题可能在灯开关，此时打开前照灯开关，用万用表电压挡检测前照灯开关是否有电压输出，若没有电压输出，则可能是开关损坏了，用一根线或镊子将开关上的线短路，若亮，说明是开关损坏。前照灯总成如图 6-26 所示。

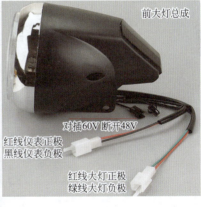

图 6-26 前照灯总成

故障处理：实际维修中因前照灯灯座锈蚀或脱焊，从而造成此类故障较常见，更换新的灯座，故障即可排除。

提示

拆前照灯时，使用工具注意安全，不要弄伤手；拆前照灯面板和电缆不要用蛮力，防止把卡扣和电缆拉断；更换的灯泡伏数规格一定要与旧的一致，以免不亮或闪掉。

六、故障现象：新日电动车时走时停

维修过程：首先检查蓄电池电量是否不足，若蓄电池电量正常，则检查蓄电池接口是否松动或虚接；若蓄电池良好，则检查调速转把内感光片感光管内是否有污垢；若清理调速转把内感光管污垢后故障不变，则检查制动断电开关是否损坏；若制动断电开关正常，则检查电门锁（如图6-27所示）的正负极焊点及触点是否存在虚接；若电门锁接触良好，则检查控制器是否有故障或电动机霍尔是否存在问题。

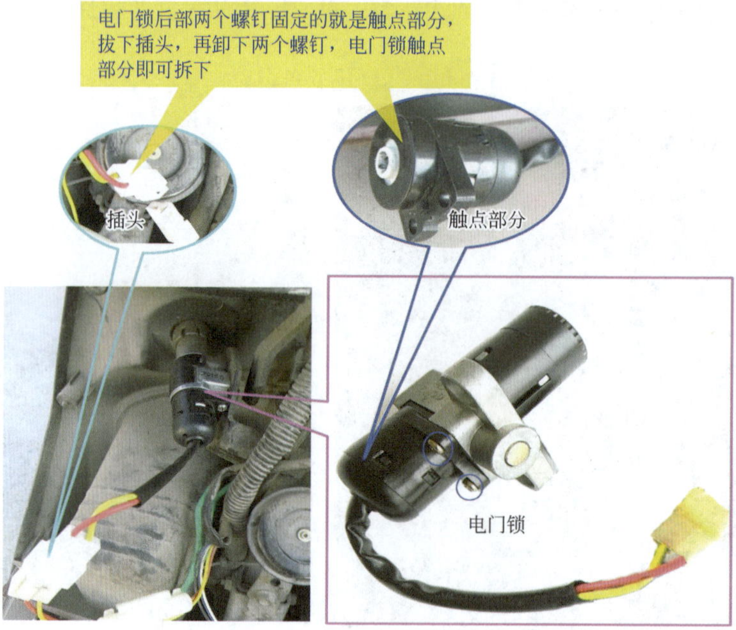

图6-27 电门锁

故障处理：本例查为电门锁触点不良所致，更换电门锁或重新焊接即可。

 提示

检查电动机、蓄电池等都正常后，很有可能是电源锁的正负极焊点存在虚接的情况，此时，重新接上就可以解决电动车时走时停的问题。

七、故障现象：新日电动车行驶正常，但前照灯、转向灯、喇叭不工作

维修过程：此故障一般发生在转换器上（图6-28）。首先将后车座固定锁打开，然后将后车座固定螺栓用套筒扳手拧下，取下后车座；然后用万用表直流200V挡测转换器的红、黄进线电压为96V，说明转换器供电正常；再测量转换器的黑线与黄线无12V电压，说明转换器损坏。

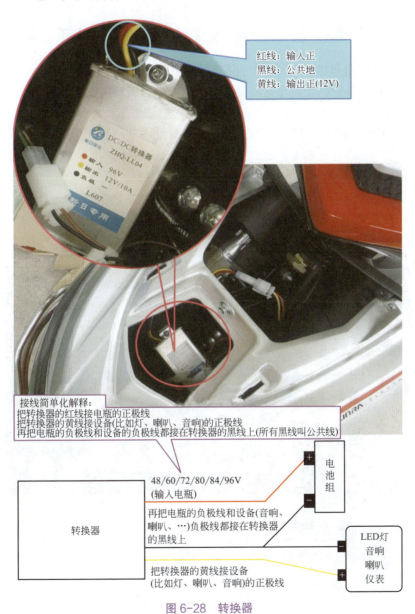

图6-28 转换器

故障处理：更换新转换器（应将新转换器引线插件颜色与车上的插件颜色对应后，再将转换器插件与车上插件插牢），然后打开电源锁，观察灯光和喇叭都正常后，将转换器固定，再将后车座复原即可。

> 💡 **提示**
>
> 转换器接线时不要接错，以免被烧坏。

八、故障现象：新日电动车蓄电池充不上电或充不足电

维修过程：引起此故障的原因有蓄电池使用寿命终止、蓄电池内熔丝管内熔丝断路、蓄电池熔丝管与保险座之间接触不良、充电器无输出电压或输出电压低及充电器与交流 220V 电源接触不良、充电器有问题。

本例经逐步检测，测得充电器输出插接器处空载电压为 +54V，连接假负载时 +54V 电压波动且逐渐下降，故怀疑是充电器输出线连接不良或充电器内滤波电容失容导致带负载能力弱。打开充电器外壳，观察线路板上各元件无明显异常现象，检测大滤波电容正常，但测电源芯片 AP3842CP-E1 各脚电压均失常，对 AP3842CP-E1 外围元件进行逐个检查，发现⑧脚（内部基准稳压端，正常电压应为稳定 5V）外围电容（图 6-29）性能不良所致。

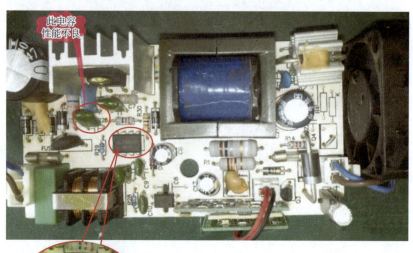

图 6-29　充电器电路板实物

故障处理：更换电源芯片 AP3842CP-E1 外围电容后故障排除。

 提示

该机充电器型号为 TL-C60-48。若电源芯片 AP3842 损坏后，用 UC3842 代换后电源不起振，则要重点查一下是否还存在损坏件，千万不能开机试机，以免引起元件损坏（如光耦损坏导致失控，进而引起次级电解爆炸）。

九、故障现象：新日电动车仪表显示和灯光均正常，但电动机不工作

维修过程：出现此故障时，首先检查蓄电池至控制器间的线路是否短路或断路，若线路良好，则检查制动开关是否损坏；若用新的同类型制动开关代用试验后故障不变，则测量调速转把信号线电压变化是否正常（正常时电压值应在 0～4.5V 之间变化）；若转动转把到最大时，电压变化很少，则说明调速转把（图 6-30）损坏；若调速转把正常，则拆下电动机检查绕组是否短路或断路、磁钢是否脱落、霍尔元器件是否损坏。

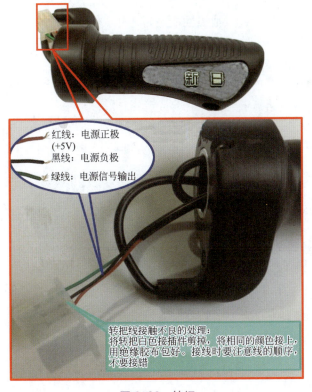

图 6-30　转把

故障处理：实际维修中因调速转把有问题从而造成此类故障较常见。更换新的同类型调速转把，故障即可排除。

 提示

当转把里边的三根线接触不良故障时，可将转把白色接插件剪掉，将相同的颜色接上，用绝缘胶布包好；若不想剪掉插接件，可以先将其拔下来，用铁丝之类的东西调整一下中间铜片的位置，使其接触良好即可；若有相同的部件，直接换掉转把可快速修好。

绿源电动车故障维修

一、故障现象：绿源电动车充电时红灯一直不变绿灯

维修过程：首先检查蓄电池组性能是否老化，若蓄电池寿命未到终止，则检查蓄电池是否严重缺水；若给蓄电池加蒸馏水再进行补电后故障不变，则检查蓄电池组其中一节小蓄电池是否出现短路；若蓄电池正常，则检查蓄电池与充电器是否反接；若蓄电池与充电器连接正常，则检查充电器是否有问题，如充电器线路、充电器插接器、充电器电路板上元器件脱落或者损坏等。

故障处理：该机用万用表检测蓄电池总电压和单只蓄电池的电压时（图6-31），发现某节蓄电池电压明显过低，说明该节蓄电池存在问题，更换整组蓄电池后故障排除。

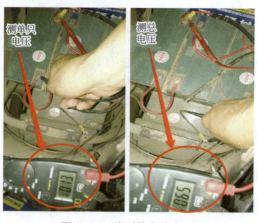

图6-31 检测蓄电池电压

提示

测量蓄电池电压，若测得一只或两只蓄电池电压明显过低，建议更换整组蓄电池。一般来说不同品牌蓄电池不能混用，新旧蓄电池不能混用。

二、故障现象：绿源电动车充电时间短

维修过程：出现此故障时，首先检查蓄电池组性能是否严重老化或某单节是否掉格，若蓄电池性能正常，则检查充电器是否温升过高；充电器温升过高，一般是由于风扇没有工作所致，用手捂住风扇通风口，若感觉风扇没有工作，则拆开充电器外壳，进行检查。

故障处理：实际维修中因风扇（图6-32）损坏，导致充电器温升过高，从而造成此类故障较常见，更换相同规格风扇，故障即可排除。

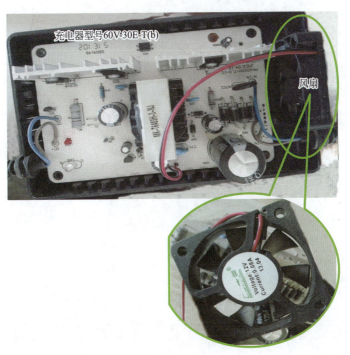

图6-32 风扇

 提示

焊下风扇时，注意电烙铁的温度不能过高，以免损坏其他元器件，造成新的故障。

三、故障现象：绿源电动车打开电门锁后，电动机不转

维修过程：该机使用 36V 电源，电动机不转一般是蓄电池缺电，控制器有故障，电动机损坏，电源连线断路或电门开关有故障等。首先打开电门锁，观察显示仪表电量显示异常，用万用表测控制器 36V 输入电压为 0V，怀疑蓄电池输出触点、电源线插接器及电门锁等接触不良，去掉蓄电池盒输出触点的氧化层，并将电源线插接器重新接好，使之接触良好，再试机，电动机仍不转，由此判断问题出在电动机上。拆开电动机，将万用表置于 20V 挡，红表笔插入霍尔元件正极，黑表笔分别插入霍尔元件黄、绿、蓝，打开电源锁，用手轻转电动机轮，若电压有变化（一般变换电压为 0～5V）说明对应的霍尔元件是正常的；若电压无变换，则对应霍尔元件已坏，进行更换。霍尔元件如图 6-33 所示。

图 6-33　霍尔元件

故障处理：取下霍尔元件，安装新霍尔元件（因为要保持三个霍尔元件的一致性和稳定性，一般是三个霍尔元件全部换新），然后再将电动机安装好即可。

 提示

安装霍尔元件时，要看清霍尔元件正反方向，按原样安装（在焊接霍尔元件时烙铁在其上停留不要超过 3s，以防"热量"将霍尔元件击穿），然后把安装的新霍尔元件用 AB 胶或 101 胶将其粘住，以防安装时撞击而脱离。安装电动机时应用橡皮锤适度敲打端盖周圈让轴承慢慢归位，电动机端盖螺钉需对角"上丝"，不然一边偏移造成安装困难容易"伤丝毁盖"。

四、故障现象：绿源电动车打开电门锁后，仪表板无电量显示，车辆不能启动

维修过程：电动车打开电门锁后，仪表板无电量显示，首先检查蓄电池是否断路或蓄电池盒与电源导线是否接触不良；若蓄电池正常，则检查电动车熔丝是否烧坏或电门锁是否损坏。

故障处理：取下蓄电池盒，发现正负极触点氧化（图6-34），且动触点弹簧锈断，此时修复或更换即可排除故障。

图6-34 蓄电池正负极触点氧化

提示

蓄电池断路是指蓄电池内部连接断开，断路有两种特殊形式：①微断路，是指蓄电池内部连接存在虚接，使整车在行驶的过程中时而有电中时而无反应，这属于蓄电池质量问题；②0V断路，指的是测量端电压显示为2V及以内的断路蓄电池，多由于大电流引起，不属于质量问题。

五、故障现象：绿源电动车电动机转动不停

维修过程：首先检测控制器是否正常，若控制器正常，则关闭熄火开关，然后打开电源锁，转动调速转把，用万用表测量调速转把信号是否正常；若测出调速转把信号始终处于电动状态不变，则说明问题出在调速转把（图6-35）。经检查为调速转把中有许多灰尘、油污和烧坏处。

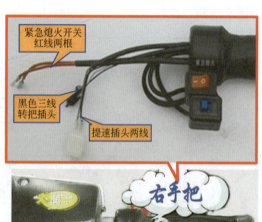

图 6-35 调速转把

故障处理：更换一个新的同类型调速转把，故障排除。

 提示

电动车调速转把一般位于电动车的右边，采用光电转换形式的转把若使用一段时间后，故障重现，为彻底解决问题，可改变控制器内部电平转移电路，使之适用于霍尔元件的电磁转换型转把，故障就不会再出现。

六、故障现象：绿源电动车电动机转速慢

维修过程：转速很慢一般是电动机堵转或控制器有问题造成的。检修时首先检查蓄电池是否性能良好，若蓄电池性能正常，则检查调速转把是否存在故障；若使用同类型调速转把代用试验后故障依旧，则检查电动机是否正常（如电动机进水生

锈、电动机高温退磁等）；若电动机正常，则检查控制器是否有问题，可用万用表电压挡测量控制器电源电压和电动机引线电压，同时转动调速转把，若电压变化超过1V（正常情况电压应在1V以下），则可判断控制器存在故障。绿源电动车控制器（48V/60V通用型）如图6-36所示。

图6-36 绿源电动车控制器（48V/60V通用型）

故障处理：经检查发现控制器损坏。更换新的同型号控制器后，故障排除。更换绿源电动车控制器时，要看清控制器上的参数或者编码，切勿盲目胡乱配控制器，以免造成其他故障（控制器配错会导致电动机耗电严重，控制器电动机很容易烧坏、寿命不长，整车线路短路等多种故障）。

> **提示**
>
> 控制器控制着电动机，在连接控制器接线时要细心，转把线最好不用接插件，把转把线直接连上，然后用绝缘胶带"包扎"好（因为转把接插件进水会造成车不走或是飞车不受控制等危险情况）；另外电源线、电动机线要连接牢固，可用焊锡焊接，避免接触不良而损坏，同时避免骑行因虚接而造成线烧断或电动机线粘连而损坏控制器。

七、故障现象：绿源电动车有电量显示，但不能启动，偶尔能启动，也时转时停

维修过程：由于偶尔能启动，说明蓄电池正常，可能是电源连线或电门锁存在接触不良的故障。检查电源线插件未见异常，拆下电门锁检查，发现电门锁

(图6-37)已烧蚀而引起接触不良。

图6-37 电门锁

故障处理：更换电门锁后故障排除。

 提示

电门锁引线应连接正确，且用防水胶带包扎好。

第六节 立马电动车故障维修

一、故障现象：立马电动车拔掉钥匙后，仪表盘仍亮

维修过程：首先检查电动车是否设防，若按动防盗器遥控器解锁键后故障依旧，则检查是否为控制器内部电容的蓄能造成的，灯仍然能亮一段时间，此时可关闭电源，按一下喇叭开关，灯就不会亮了。若经过以上操作后，仍不断电，则检查钥匙开关是否有问题；若钥匙开关正常，则检查电气线路（如表头里面的电源开关或者电源指示灯的线路等）是否存在短路。

故障处理：拔掉电源锁（图6-38）两根线路能断电，说明问题出在钥匙开关，更换钥匙开关后故障排除。

图 6-38 电源锁

 提示

立马电动车出厂时均配有防盗器，若防盗器处于设防状态，仪表上会有电量显示，需按动防盗器遥控器解锁键，此时仪表上电量显示才会消失。

二、故障现象：立马电动车不能充电

维修过程：首先检查插接器或插座是否因打火引起接触不良，或线路虚焊；若插接器或插座良好，则检查蓄电池是否损坏、老化或寿命到期，蓄电池熔丝是否熔断；若蓄电池正常，则检查充电器熔丝是否熔断；若熔丝熔断，说明充电器的内部电路存在短路或过流故障，此时目测充电器内电路板（图 6-39）上是否存在明显异常元件；若无明显异常元件，则检查整流二极管、电源滤波电容、开关功率管（10N60）、3842 易损件是否有问题。

故障处理：本例经查为开关功率管（10N60）及其漏极的限流电阻 R31 不良所致，更换功率开关管和限流电阻 R31 后故障排除。

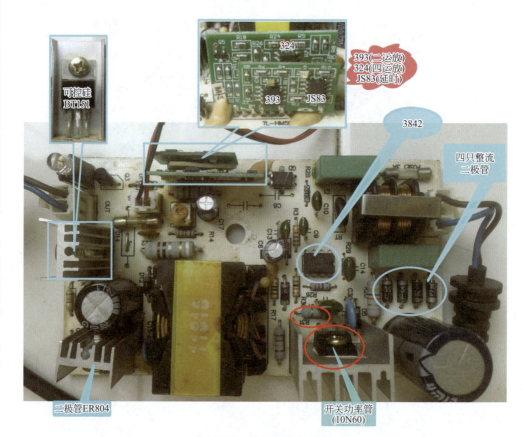

图6-39 充电器内电路板

 提示

当充电器内部元器件脱落,导致充电器不充电,一般的解决方式是更换新充电器,而不是选择维修,因为元器件脱落再去维修,很容易再次损坏。在维修充电器进行在路测量时,为了避免测量结果有误或造成误判,可把元器件焊下来测量。

三、故障现象:立马电动车能正常行走,但仪表灯具、喇叭都不工作

维修过程:由于前照灯、喇叭、转向灯等部件是由转换器提供电源的,故初步判断故障在转换器或接转换器输入输出的电路。首先用万用表测黑线(负极)和红线(正极)是否有电压(电压值就是电源电压值,即电动车蓄电池串联后的电压);若有输入电压,则检测黑线(负极)和黄线(输出)的输出电压(正常输出电压值为12V),如没有电压或是电压很低,则说明问题出在转换器(如

图 6-40 所示）。

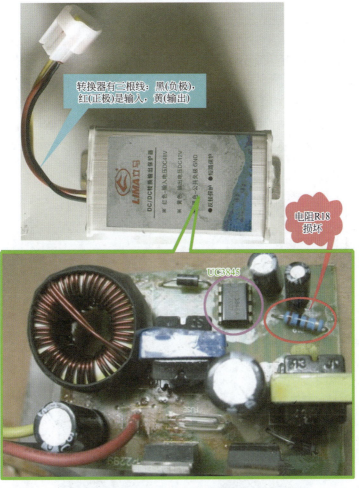

图 6-40　电阻 R18 相关电路

故障处理：用万用表检测电压可以判断问题出在电动车转换器上，检查接转换器进线熔丝管正常，然后拆下转换器，测 UC3845 ⑦脚的供电电压异常，经查为⑦脚外接的电阻 R18 损坏。更换电阻 R18 后故障排除。

> 💡 **提示**
>
> 转换器是将电动车的高压电源转换为适合前照灯等零部件工作的低压电源，一般输出为 12V。排除该故障还应仔细检查喇叭、前照灯、转向灯、夜行灯、制动灯等，这些使用 12V 的供电设备线路是否存在短路，修复短路处，以免再次造成同样故障。

四、故障现象：立马电动车打开电源锁后，转动转把后车速慢，且无力

维修过程：首先检查刹车是否太紧或超过限制坡度或顶风；然后检查蓄电池电量是否不足，输出电流不够；再检查电动机是否出现退磁现象，动力衰减，使速度变慢；最后检查控制器是否有问题。本例对以上部位进行逐个检测，发现转动转把时，测（用万用表的 200V 交流电压挡）无刷控制器的 3 根相线电压偏低，说明控制器输出电压低（48V 车无刷控制器输出电压一般在 38V 左右），测转把供电电压也偏低，但更换转把故障依旧，故判断问题出在控制器上（图 6-41）。

图 6-41 控制器

故障处理：用同型号的万能型无刷控制器更换后故障排除。

 提示

控制器控制电流的大小来控制电动机的快慢，它相当于人的大脑，控制指挥前进、倒退、停止。控制器功率大小不同，分配的电流大小就不一样，输出电流越大，速度越快，更换控制器与电动机应当匹配使用，如果把 450W（或 500W）换成 350W 的，就会出现车起步无力，上坡无劲，跑得慢。另外，控制器不允许超压使用以免损坏，例如 60V 控制器装 72V 蓄电池（或 48V 控制器装 60V 蓄电池）。

五、故障现象：立马电动车电动机无力，耗电量大，续行能力明显缩短

维修过程：出现此类故障时，首先检查控制器是否老化，输出功率太小，引起电动机无力；然后检查磁钢是否退磁，使电动机无足够驱动力矩，同时电流大增，耗电严重；再检查线圈是否短路或严重漏电，使电能转换为大量热能，温度快速上升，使电动机性能严重下降，导致电动机无力。本例检测电动机空载电流和行驶电流，发现电动机的空载/负载转速比大于1.5，说明电动机的磁钢（图6-42）退磁比较严重。

图6-42　磁钢

故障处理：更换电动机里面的整套磁钢，但在电动车的实际维修过程中一般是更换整个电动机。

 提示

电动机退磁是一个循序渐进的过程，一般4～5年以上的电动机比较严重，可以通过检测电动机空载电流和行驶电流来判断；而对于已经确定退磁的电动机，只能更换。如果电动车经常超载、超速行驶，电动机会随着使用时间的增长而出现消磁或老化，从而影响到电动机的能量转化率，影响电动机的扭矩和续航里程。

六、故障现象：立马电动自行车打开电门锁，转动调速手柄，电动机不转

维修过程：此类故障应重点检查蓄电池或电动机是否损坏。可用万用表测量电动机两引线的电阻（图 6-43），若阻值较大且不稳定，则说明电动机已损坏。

图 6-43　测量电动机两引线阻值

故障处理：实际维修中多因电动机损坏较多见。更换同类型电动机即可排除故障。

 提示

立马电动自行车电动机品种较多，在维修和更换时务必选择同类型电动机总成。

第七节　其他品牌电动车故障维修

一、故障现象：澳柯玛电动车打开电源开关，仪表灯亮，但转调速手柄，电动机不转

维修过程：该故障应重点检查控制器是否正常，拆开控制器检查 P60NF06 功率管是否损坏。功率管检查如图 6-44 所示。

其中的一对
功率管损坏

图 6-44 检查 P60NF06 功率管

故障处理：更换损坏的一对 P60NF06 功率管，或采用 P60N06 功率管代换，即可排除故障。

 提示

安装控制器应使用密闭胶做好防水处理。

二、故障现象：澳柯玛电动车刚开始时电动机断断续续时转时不转，后变为电动机不转

维修过程：该故障应重点检查电动机霍尔元件（图 6-45）是否正常。操作方法：拔下电动机霍尔插件，将万用表打到二极管挡，红表笔接黑线，黑表笔分别接黄、绿、蓝色的霍尔线，其三个阻值应基本一致；然后两表笔对调，分别检测；如三相有阻值不一致，则可能相对应的霍尔传感器损坏。

霍尔元件

图 6-45 澳柯玛电动车电动机霍尔元件

故障处理：拆下电动机，同时更换三只霍尔元件，即可排除故障。

 提示

> 检修该故障需要提前准备三只无刷电动机 SS41F 通用霍尔元件。

三、故障现象：比德文电动车充电时充电器指示灯亮已显示充满电，但蓄电池充不上电

维修过程：根据故障现象可初步判断为充电器内部电路板故障，需要拆板维修。拆开充电器外壳，发现输出熔丝管已烧坏，再检查附近的防反接二极管也损坏。该车配备 SP-120 型充电器，电路板实物如图 6-46 所示。

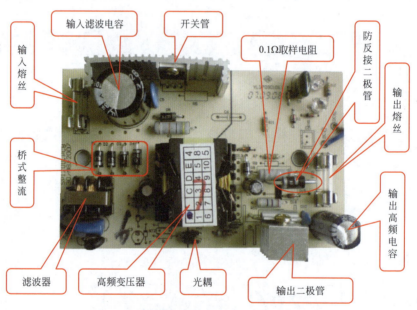

图 6-46　防反接二极管 1N5408 在电路板中的位置

故障处理：更换烧坏的输出熔丝管，再换上新的 1N5408 二极管，或用相同电流能力及相同的反向电压的二极管替换后，试机，充电指示灯红灯亮，给蓄电池连续充 2h 后已显示电量 50%，说明故障已排除。

 提示

> 防反接二极管 1N5408 损坏，会造成充电器无输出电压或输出电压低，从而导致蓄电池充不上电。

四、故障现象：比德文电动车打开电门锁后，灯光、喇叭都亮，但车子有电却不走

维修过程：首先检查刹车是否存在抱死，当出现刹车抱死时，只需松开刹车线即可；若刹车线正常，则检查蓄电池连接线是否有问题，如蓄电池上连接线松脱了，或者蓄电池的接线头腐蚀松动等；若蓄电池连接线正常，则检查控制器是否有问题，如控制器红、黑粗线松动脱落；若控制器正常，则检查调速转把是否有问题，可用铁丝短接转把正极和信号线，使转把短路，车子能转动说明转把损坏。

故障处理：本例查为转把问题，更换转把即可。

 提示

电动车在正常行驶中突然有电不走了，一般是线路连接不良所致。

五、故障现象：比德文电动车电动机振动、运转不连贯、无力

维修过程：根据故障现象可初步判断为电动机霍尔元件损坏（缺相）所致，需要拆板维修。拔掉霍尔输出引线，用万用表检测电动机霍尔输出引线三相阻值（如图 6-47 所示），发现输出引线（黄线）明显比其他二相大，说明该相霍尔元件损坏。进一步拆开电动机检查，证实该相霍尔元件已损坏（如图 6-48 所示）。

故障处理：同时更换 3 个霍尔元件，即可排除故障。

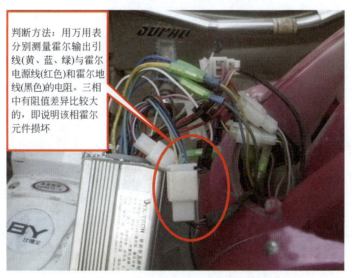

图 6-47　检测电动机霍尔输出引线阻值

图 6-48 检测电动机霍尔元件

 提示

该机霍尔相位角是120°，为保证电动机换向的精确，同时更换3个霍尔元件。安装霍尔元件应注意：霍尔元件引脚与冲片不接触；三个霍尔元件必须平行，不得倾斜；胶水不溢出霍尔槽（建议使用AB胶，不使用502）。

六、故障现象：比德文电动车指示灯不亮，电动机不转

维修过程： 根据故障现象可初步判断为电源电路故障，需要拆板维修。该故障应重点检查电门锁是否异常。拆开前面板，拔下电门锁插件，如图6-49所示，用万用表电阻挡检测电门锁引线，电阻值为无穷大，说明电门锁触点烧坏断路。

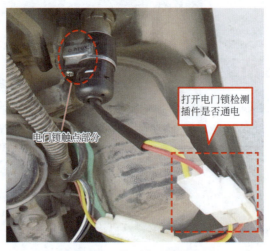

图 6-49 检测电门锁触点

故障处理：更换新的同型号规格电门锁触点或电门锁，即可排除故障。

 提示

电门锁是电动自行车的易损元件，电门锁包括机械部分和电接触点部分；由于电动车工作电流较大，触点烧坏的故障率较高；往往是触点烧坏了，而机械部分完好无损。外在表现是钥匙能正常转动，就是加不上电，或是电流时断时续。

七、故障现象：洪都达丽雅电动车充不进电

维修过程：当充电器、蓄电池有问题均会引起此故障。试换用一个充电器后仍充不进电，说明问题出在蓄电池上。打开机壳，观察蓄电池是否鼓包，若出现鼓包，可先测量鼓包蓄电池，检查其是否可以再用；检查蓄电池是否失水，当蓄电池失水时，可以按照规定补水即可；检查蓄电池极板是否硫化，当极板硫化充放电都会显示电压上升快，容量明显减少，应当用修复仪器除硫，使极板还原，恢复活性；检查蓄电池内的插件是否接触不良或引线断掉。

故障处理：一般的蓄电池都可以加蓄电池补充液进行修复（图6-50），其步骤

图6-50　加蓄电池补充液

是：打开蓄电池盒，先撬开蓄电池上封闭的加液孔盖板，将盖住小孔的橡胶帽与周边吸附棉拿开，观察是否还有液体。用注射器吸取蒸馏水，给每个小孔加注，逐次添加（加多少毫升，视蓄电池缺液情况而定），直到液体刚刚漫过电极板，外侧有水位指示更好。盖上胶盖，直接进行充电，充 5～7h，检查是否有变化。复原蓄电池和蓄电池盒，装好即可。

八、故障现象：洪都达丽雅电动车打开电源锁后不走，车轮转不动

维修过程：当蓄电池、刹把、转把、控制器、电动机有问题均会引起此故障。首先检查电动车蓄电池输出是否正常，如输出过低，说明问题出在蓄电池上；拔断刹车线，若车子能转动，说明问题出在刹把上；将转把短路（用铁丝短接转把正极和信号线），若车子能转动说明问题出在转把上；电动机主要检查电刷接触是否良好；检查控制器是否有问题，可以将转把线的 +5V 短接，若转把不能转动，说明问题出在控制器上（图 6-51）。

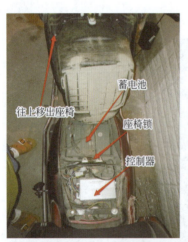
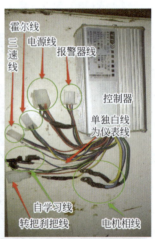
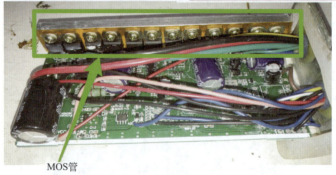

图 6-51　洪都达丽雅电动车控制器

控制器的检查方法是：①首先用万用表测量电源管理电路各点输出电压是否正常，若电压失常，则重点检查电源管理电路各元器件；②若各点电压均正常，再检测转把和刹把的接口部分，转动转把测主控芯片的转把输入脚电压值变化是否正常（正常值应从小到大变化），若电压无变化说明问题出在转把输入回路，若电压正常则测主控芯片上刹把输入脚电压是否正常，当电压正常可排除刹把输入回路有问题的可能；③检查主芯片是否有问题，转动转把，测 PWM 输出点的电压值是否变化（一般为 0～5V），若该点电压无变化，说明该芯片已损坏；④若以上检查均正常，则检查功率管驱动电路，转动转把测量 MOS 管的栅极电压值变化是否正常（正常值一般为 0～12V 或 0～15V），若电压无变化则检查驱动回路是否有元器件损坏，若电压变化正常，说明驱动回路没有问题，此时可判断为 MOS 功率管出现了断路损坏。

故障处理：车轮转不动多为控制器内部 MOS 管损坏所致。更换 MOS 管或更换控制器故障即可排除。

 提示

当判断是控制器内部故障时，不要在转不动的情况下强行推动车子，推动可能产生电流，会把控制器烧坏报废。此时只要拔掉电动机三根粗线中的任意两根就可以轻松推车。

九、故障现象：洪都达丽雅电动车电动机噪声大

维修过程：引起此故障的原因有电动机内轴承有问题（如间隙大、缺油、磨损），霍尔元件损坏或磁钢松动、脱落，电动机转子扫膛，电动机内部轴向窜动，有刷电动机换向器表面氧化、烧蚀、油污、凹凸不平、换向片松动，电刷有问题（如电刷架松动、电刷架不正等）。霍尔元件如图 6-52 所示。

图 6-52　霍尔元件

故障处理：一般是霍尔元件损坏较常见，更换霍尔元件即可。

> 💡 **提示**
>
> 电动机的霍尔元件损坏，就是通常说的缺相。无刷电动机工作原理是霍尔元件通过磁钢位置产生信号，从而传送给控制器何时向相线提供何种方向的电流，使电动机工作。如果其中一个或两个霍尔元件损坏，会导致电动机转子受力不均匀，导致启动杂音。此时电动机电流很大，对电动车的电动机线圈和蓄电池都会有不同程度的损坏。

十、故障现象：洪都达丽雅电动车喇叭不响

维修过程：当蓄电池电量不足、喇叭调整不当、喇叭内部有问题（如线圈烧毁、触点不闭合严重烧蚀）、喇叭电路故障、喇叭按钮内部触点接触不良等都会引起喇叭不响。检修时，首先打开电源锁，左右拨动转向开关或握下刹把，转向灯、制动灯亮，故排除蓄电池电量不足或信号系统总线有故障的可能，应重点检查喇叭本身及其线路。代换一个同型号喇叭后故障依旧，则检查喇叭开关是否正常；若不正常，则更换或维修开关；若正常，则检查线路是否有问题。喇叭如图 6-53 所示。

图 6-53 喇叭

故障处理：一般检修中因喇叭有问题而引起此故障较常见，更换喇叭即可。

十一、故障现象：捷安特电动车在骑行过程中，电动机时转时停，不能正常行驶

维修过程：电动车的电动机时转时停，一般是蓄电池、电源线接触不良或电动

机本身发生了故障。检修时，首先打开电门锁，观察仪表的电量显示是否正常；若正常，则检查电源连接线、电门锁是否正常；若正常，则检查控制器输出的电动机驱动电压是否正常；若正常，则检查电动机是否有问题。

故障处理： 实际维修中因电动机电刷（图6-54）严重磨损而引起此类故障较常见，更换电刷即可。

图6-54　捷安特电动车电动机炭刷架/电刷套装

 提示

对于只更换部分电刷的电动机，必须保证整台电动机的电刷片号的一致性，以免影响电动机的使用性能。

十二、故障现象：欧派电动自行车电动机不转

维修过程： 根据故障现象可初步判断为电动机故障，需要拆板维修。该故障应重点检查电动机霍尔元件是否烧坏，造成缺相。该电动机霍尔元件如图6-55所示，用万用表分别测量霍尔元件输出引线（黄、蓝、绿）与霍尔元件电源线（红色）和霍尔元件地线（黑色）的电阻，三相中有一相阻值差异明显偏大，说明其中一相霍尔元件坏，需要全部更换霍尔元件。

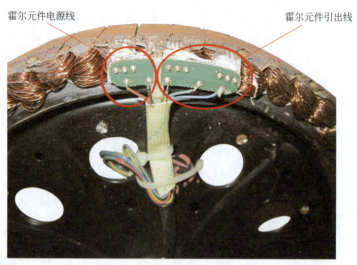

霍尔元件电源线　　霍尔元件引出线

图 6-55　欧派电动车霍尔元件

故障处理：卸下轮毂电动机，更换电动机或霍尔元件即可排除故障。

 提示

更换霍尔元件前，必须弄清楚电动机的相位角是 120°还是 60°（即中间霍尔元件字面朝上还是朝下）；为保证电动机换向的精确，一般建议同时更换所有的三个霍尔元件；霍尔元件引脚与冲片不接触；霍尔元件安装入槽，三个霍尔元件必须平行，不得倾斜；胶水不溢出霍尔元件槽（建议使用 AB 胶或 101 胶）。

十三、故障现象：小刀电动车（48V 无刷控制器）打开电源锁，旋动转把，整车不工作

维修过程：根据故障现象可初步判断为控制器故障所致，需要拆板维修。该故障应重点检查控制器主芯片是否正常。从线路板上找到 PWM 输出位置，转动转把，测量该点的电压值无变化（正常应为 0～5V），说明该芯片损坏，如图 6-56 所示。

故障处理：更换相同规格控制器或主芯片，即可排除故障。

 提示

电动车控制器主芯片内部一般写有运行程序，若只更换相同型号的芯片依旧会造成控制器不能工作的故障，因此，修复该例故障最好是更换 48V 无刷控制器总成。

图 6-56 小刀电动车控制器主芯片

十四、故障现象：雅马哈凌燕 36V 有刷有齿电动车，起步感觉动力明显不足，速度也不快

维修过程：该故障首先用万用表检测蓄电池电压是否正常，若电压正常，则检查控制器、调速转把是否异常；若控制器、调速转把均正常，则分解电动机，检查炭刷（图 6-57）是否磨损。经查为炭刷严重磨损，且弹簧已失去弹性所致。

图 6-57 炭刷组件

故障处理：更换该电动机专用炭刷组件，重新安装好电动机，故障排除。

> **提示**
>
> 雅马哈电动车的电动机很多部件与其他电动车不同，因此损坏的配件最好选用专用配件。电动车电动机分无刷与有刷两种，目前生产的电动车几乎全是无刷电动机，它的各方面性能都比有刷的要好些。

第八节 电动三轮车故障维修

一、故障现象：淮海电动三轮车整车有电，但电动机不转

维修过程：当控制器、电动机、刹把、调速转把及线路等有问题均会引起此故障。首先拔下刹把插件，若电动机运转正常，则说明问题出在刹把组件上；若拔下刹把插件后电动机仍不运转，则检查调速转把（图6-58）是否有问题，转动转把测转把信号电压（红表笔接黑线、黑表笔接绿线）能由低向高变化（0.8～4.2V），说明转把正常；然后打开电源锁，将万用表黑表笔接霍尔线粗黑线，红表笔分别接霍尔线组的黄、绿、蓝线，同时轻转电动机，当三相霍尔信号线电压无变化、无电压，则可判定电动机霍尔元件有问题；若三相霍尔信号线电压变化正常，且供电正常，则可排除电动机问题，重点检查控制器。

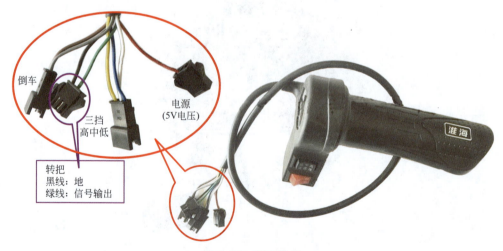

图6-58 调速转把

故障处理：本例检测转把信号电压无变化且小于1V，经查为转把有问题，更换转把即可。

 提示

有的控制器内部元件损坏会造成轮子转不动，且费力，当把电动机相线"粗线"任意两根拔掉，电动机变灵活了，说明问题出在控制器上。

二、故障现象：金彭电动三轮车不能倒车，但前进正常

维修过程：由于倒车开关使用频率高，故首先检查倒车开关是否损坏（如老化、断裂、腐蚀等现象），可直接把开关连接线短路一下，若能倒车说明开关损坏了；若倒车开关正常，则检查倒车线路是否有问题，可直接在控制器端短接，若能倒车，说明开关和控制器之间的线路有问题（接插件接触不良、线路烧断或外力损坏等），此时可另外单独搭一条线处理线路问题，若是插接器问题，可以掰动一下插针使其对正孔位，若插针氧化了可用酒精等清洗一下。若线路和开关均无问题，则是控制器问题。三轮车部分控制系统如图6-59所示。

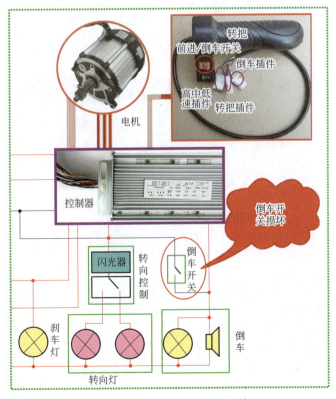

图6-59 三轮车部分控制系统

故障处理：此故障一般是倒车开关损坏所致，更换倒车开关即可。

 提示

电动三轮车倒车是通过电动机反转来实现的，也就是利用控制器来反方向驱动开关管，就能完成这个倒挡功能。当按下倒车开关，倒车开关信号送给控制器，控制器输出反向电流让电动机反转，实现倒车功能。

三、故障现象：宗申电动三轮车电动机不转，但车灯、喇叭、转把均正常

维修过程：由于该机车灯、喇叭、转把正常，故判断蓄电池连接线基本正常，故障可能发生在控制器、电动机、电门锁、调速转把、刹车断电系统上。首先检查调速转把是否损坏，刹把电位是否正常、刹车回位是否良好，电门锁是否有问题；若以上检查均正常，则检查控制器与电动机。

用手转动轮子，感觉轮子是否转动灵活；若转动感觉很重，则检查控制器处的相线是否烧焦连在一起；若没有，则分开控制器和电动机的相线，用手转动轮子，若转动灵活则问题可能出在控制器（图6-60），转动仍不灵活，则问题出在电动机。

故障处理：该机断开相线，轮子转动灵活，故判定问题出在控制器，经拆开控制器查到MOS管击穿。更换控制器或更换MOS管即可。

 提示

当刹车断电开关（三轮车脚踏拉杆后有个弹簧拉着个小开关就是断电开关）由于某种原因（如刹车不回位、开关内部问题等）造成闭合了，控制器就会收到断电信号，从而停止工作。

四、故障现象：宗申电动三轮车行驶过程中突然不走，且仪表也无显示

维修过程：出现此类故障时，首先检查断路器（空气开关）是否有问题；若断路器正常，则检查蓄电池盒熔丝是否断开或断路；若熔丝正常，则检查蓄电池连接线或者蓄电池插接器是否存在接触不良或者断开；若蓄电池正常，则检查蓄电池到锁的线中间是否存在接触不良、电门锁芯是否松动、控制器电门锁信号线接触是否良好等。

故障处理：本例查为断路器的接线柱与线松脱（图6-61）所致，重新连接紧即可。

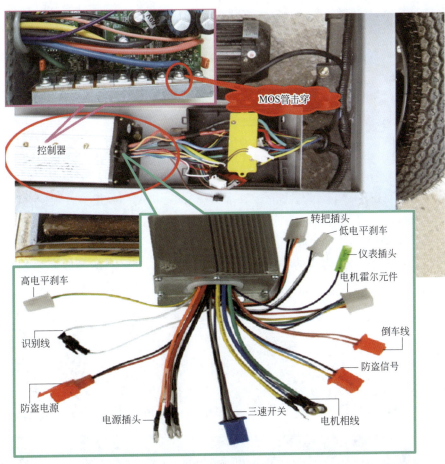

图 6-60 控制器

图 6-61 断路器的接线柱与线松脱

提示

若线路或插接器存在接触不良或者断开而引起故障时,一般用手拉动导线或者插接器就可以检查,或者重新逐个固定或者插接。

五、故障现象:宗申电动三轮车起步无力

维修过程:出现此类故障时,首先检查蓄电池电压是否正常,若蓄电池电压正常,则检查调速转把是否有问题而导致输出电压过低;若调速转把正常,则检查机械部分是否有问题(如有部件卡死或轴承损坏);若机械部分正常,则检查控制器是否有问题;若控制器正常,则检查电动机是否有问题(如电动机内部线圈部分短路、电动机内的霍尔元件有问题等)。

故障处理:本例查为电动机霍尔元件(图6-62)烧坏,更换三个霍尔元件后故障排除。

图6-62 三个霍尔元件

提示

检查控制器处的电动机霍尔线是否存在松动脱落,也可以顺着电动机线检查线路是否断路;另外还可用修车宝检测电动机霍尔元件是否损坏,将修车宝的霍尔插接器和电动机霍尔元件插接器对插,然后慢慢转动轮子,观察修车宝的三个霍尔元件灯是否正常亮起,没有亮则说明霍尔元件烧坏了。

六、故障现象:某电动三轮车整车无电

维修方法:典型电动三轮车接线实物图如图6-63所示,该类故障的维修操作方法如下。

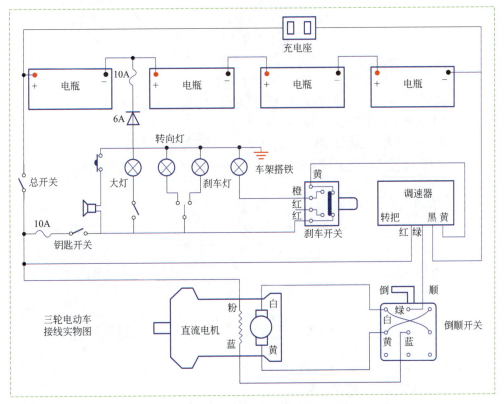

图6-63 典型电动三轮车接线实物图

① 首先检查电源有没有电,如果没有则查看熔丝是否是好的。

② 如果熔丝正常,电源没电,则查看电源内部电极连线是否松动,蓄电池是否断路。

③如果电源有电，则检查电源线及电源锁是否正常。

七、故障现象：某电动三轮车整车有电，电动机不转

维修方法：该类故障可按如下操作排除。
① 首先将控制器上转把正极红线和转把速度黄线短接。
② 如果电动机运转正常，则说明电动机和控制器是好的。
③ 如果电动机不转，则说明电动机坏或控制器坏。
④ 如果电动机与控制器正常，电动机不转，则可能是转把与制动把的问题。
⑤ 采用相同型号转把或制动把代换，一般可排除故障。

八、故障现象：某电动三轮车有电不走

维修方法：电动三轮车出现有电不走故障，应检查蓄电池、制动把、转把、控制器、电动机几个部位是否存在故障。具体维修操作方法如下。
① 首先检查电动车蓄电池输出电压是否正常。如输出电压过低，表明蓄电池损坏。更换新的相同规格蓄电池，即可排除故障。
② 如输出电压正常，则拔掉制动车线端子。如车子此时转动，表明制动把损坏，需更换或维修制动把。
③ 如用万用表二极管挡检查制动把是通的（普通常闭制动把），则检查转把是否正常。用铁丝短接转把正极和信号线，如此时车子转动，表明转把坏，须更换或维修转把。
④ 打开电门锁，拧动转把，用万用表测量转把正极线和信号线有 +1～+4V 的转把电压，说明转把正常；再检查控制器是否正常，最简单的办法是闻一下控制器内部有没有烧焦味，如有烧焦味，一般是控制器已烧坏。
⑤ 如控制器也正常，则检查电动机是否正常。主要检查电动机炭刷接触是否不良，从而造成有电不走故障。

九、故障现象：某牌电动三轮车空转正常，拉重就不走

维修方法：该类故障可按如下操作排查。
① 首先检查控制器是否正常。
② 如果控制器正常，则检查电动机是否正常。
③ 如果电动机也正常，则用修车宝测试，转动车轮，如果三个灯没有交替闪亮，则检查霍尔元件是否不良。
④ 重焊或同时更换三只同型号霍尔元件即可排除故障。

十、故障现象：某电动三轮车电动机转但输出力矩小，火花大

维修方法：该类故障可按如下操作排查。

① 首先测量电源及控制电路正常，判断为电动机故障。

② 拆开电动机检查炭刷磨损严重。

③ 抽出转子，发现整流子（俗称铜头）不均匀磨损，高处与低点相差 1mm 多。

④ 拆下轴承，将转子轴末端夹在车床三爪上，车床顶尖顶在转子轴端中心孔。把换向器高点车齐后，清理换向器各片之间绝缘材料，使之低于铜面 0.3mm 左右。

⑤ 清除炭粉、灰尘等杂物，装配好电动机，故障排除。

⑥ 换向器磨损不均匀使打火更加严重，输出力矩小。此故障最常见于两副炭刷电动机中，而一副炭刷电动机此故障少见。

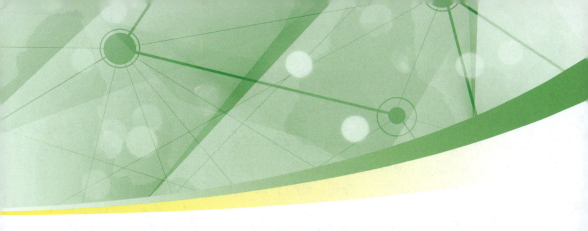

第七章

电单（摩）车的维护保养

一、日常养护

电动车的日常养护主要有以下几个方面。

1. 正确充电

电动车的充电时间夏季一般为 6～8h，冬季一般为 10h，且一次性充满最好，不要短时间重复多次充电。过度充电会造成蓄电池失水、发热严重，降低蓄电池的使用寿命。为准确计算充电时间，可在充电器前端增加一台充电计时器，如图 7-1 所示，设置好充电时间后，定时器会自动断开电源。

图 7-1　充电计时器

2. 适度放电

电动车适度放电是指电动车在上坡、载人、载物等情况下不要猛然加油起步，应缓慢地加油前行，待到行驶到一定速度后，再加速。如果有助力跳板，在大负载时踩助力踏板助力，则有助于减少蓄电池的大电流放电，保护蓄电池，以免长时间大电流放电导致蓄电池的硫酸铅结晶，从而使蓄电池极板钝化。

3. 满电存放

电动车长时间不用时，应该充满电后再存放，千万不要亏电存放。亏电存放会造成蓄电池硫酸盐化成硫酸铅，使硫酸铅结晶并附着在极板上，堵塞电离子通道，造成蓄电池钝化，电力不足，甚至损坏蓄电池。

4. 保护车体

电动车切忌长时间高温暴晒或潮湿存放，高温暴晒会使电动车的蓄电池内部压力增高，蓄电池失液，引起蓄电池的活性下降；特别是高温暴晒的情况下同时充电，容易使蓄电池出现变形、发热、鼓包等现象。电动车也不适合潮湿存放，潮湿存放易造成车体锈蚀、刹车失灵、蓄电池进水等故障，降低电动车的使用寿命。

5. 经常检查

经常检查电动车的转刹把、控制器、充电器、照明转向灯是否正常，检查蓄电池的接线柱是否锈蚀，充电器是否有焦煳味，控制器连线的插接器是否松脱（平时要用扎带固定，如图7-2所示），电动机进线绝缘层（如图7-3所示）是否脱落，轮胎气压是否正常，轮毂轴承的固定螺母是否松动，座椅锁的拉线是否脱落（如图7-4所示，一旦脱落就比较麻烦，最好用热熔胶固定，如图7-5所示）等。任何一处出现异常都要及时处理，以免故障进一步扩大，损坏车辆，造成事故。

图7-2 要用扎带固定控制器的引线和插接器

图 7-3 电动机进线

图 7-4 座椅锁的拉索扣

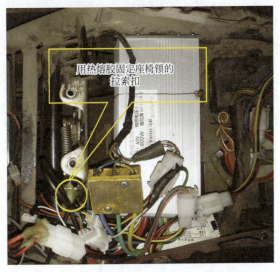

图 7-5 用热熔胶固定拉索扣

二、定期保养

电动车的定期保养比较简单,主要包括蓄电池和轮胎的定期保养两个方面。

蓄电池的定期保养主要是指每个月要检测蓄电池是否存在漏液、鼓包、极柱腐蚀等现象,若存在漏液现象,则要添加蓄电池专用修复液(如图7-6所示),注意添加后要恢复蓄电池的原样;若存在鼓包,则要注意检查充电器是否不充,是否充电时间过长等;若存在极柱腐蚀和脏污(如图7-7所示),则要用砂纸清理污物和腐蚀的极柱,或直接更换极柱上的固定螺钉和铜鼻子。

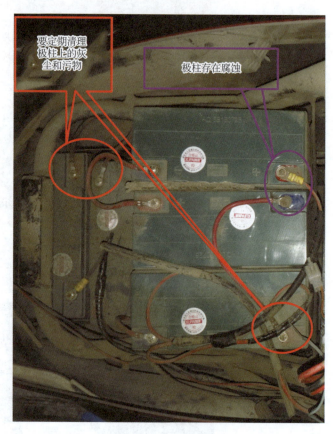

图 7-6　蓄电池专用修复液　　　　图 7-7　极柱腐蚀和脏污

定期检查电动车的轮胎是非常重要的一项保养工作,每半个月要检查电动车轮胎的气压是否正常,轮胎有无慢漏气、划破、裂纹或扎钉等现象,同时还要检查轮毂轴的螺母和定位片的螺钉是否存在松动现象。气压不够则要补加气,慢漏气、划破或扎钉,则要修补轮胎(破口在2mm以内),用户可购买轮胎防漏自补液直接从气门嘴加进去,如图7-8所示,则可有效防止轮胎漏气。

图 7-8　轮胎防漏自补液直接从气门嘴加进去

轮胎破口在 2mm 以上的用自补液就不能防止轮胎漏气了，而要采用补胎胶条套装（如图 7-9 所示）进行补胎，其操作方法与步骤如图 7-10 所示。

图 7-9　补胎胶条套装

步骤一

步骤二

步骤三

步骤四

步骤五

图 7-10　补胎胶条补胎步骤

对于出现裂纹的轮胎，说明该轮胎已严重老化，要及时更换轮胎，防止半路爆胎，造成事故。

定期保养三轮车的后桥，电动三轮车在日常使用中应经常清除后桥壳上通气塞的污泥和灰尘，每隔 3000km 维护需要拆下后桥通气塞进行清洗、疏通，以保证气道畅通，以免气道堵塞引起后桥壳内压力增高而使结合面、油封处漏油。另外，每隔 3000km

还要检查后桥齿轮箱的润滑油面和油质是否正常，若不正常则要更换或添加润滑油。

三、专项保养

电动车的专项保养主要包括换碟刹油、换轮胎和三轮车后桥保养等方面，以下分别进行介绍。

1. 换碟刹油

电动车的碟刹使用3年以上需要更换碟刹油，更换碟刹油之前先排空，再换新油，并且要采用专用的排空和换油工具（如图7-11所示）。

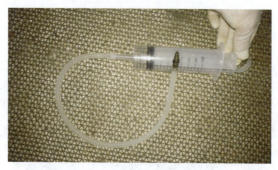

图7-11 专用的排空和换油工具

排空与换碟刹油的具体步骤如下。

① 旋下碟刹上泵油盖的两个十字螺钉（如图7-12所示），取下油盖，旋下碟刹下泵的排气螺钉（如图7-13所示），将换油工具的油嘴旋进下泵排气孔内，拉动换油工具的活塞拉环，将碟刹泵体和油管中的刹车油慢慢抽出。

拆下上泵油盖的两个螺钉

图7-12 拆下碟刹上泵油盖的两个十字螺钉

图 7-13 下泵排气螺钉

② 将抽出的旧油倒掉，反复空拉换油工具的注射器，往泵体内推入空气，将碟刹管道内的旧刹车油全部排出泵体外，使泵体和管道内保持清洁。

③ 拉出注射器活塞，往注射器内倒入 60mL 的新刹车油，从下泵排气管内推入新刹车油，在推的过程中同时观察上泵里有无气泡，如有气泡，再将换油工具的活塞往回拉 5～10mL，可反复拉，直到上泵无气泡。继续推入新刹车油，直到上泵泵体里面的刹车油达到 90% 的量即可。

④ 快速拆下下泵排气螺钉上的换油工具加油螺钉，装上排气螺钉，不要旋紧，反复捏压刹车手柄，让气体从排气螺钉中继续排出，直到感觉刹车的手柄压力正常了再锁紧排气螺钉。如果压力还是不够，则将刹车手柄捏到底不松开，将排气螺钉扭松后立即扭紧，再松开刹车手柄，反复捏压刹车手柄 10 下后捏到底不松开，同时，扭开下泵的排气螺钉并立即扭紧。按以上方法反复操作 2～3 次即可进一步提升刹车的压力。

2. 换轮胎

更换电动车轮胎需要先将轮胎从电动车的车架上拆下来，然后用扒胎剥离钳（如图 7-14 所示）和撬棒（如图 7-15 所示）等专用工具，将轮胎从轮毂上分离出来。其中扒胎剥离钳是将轮胎与轮毂边缘（因轮胎气压长期压住已粘在一起了）分离开，撬棒是将旧轮胎从轮毂上完全脱离出来和装新轮胎时使用。

装上新轮胎之前先要检查轮毂边缘的气密性，同时更换新的气门嘴，旧气门嘴使用期若超过了 5 年则已老化，不能再使用，需要更换新的气门嘴。为防止新轮胎慢漏气，充气时可添加轮胎自补剂，可有效防止新轮胎出现慢漏气。

图 7-14 扒胎剥离钳

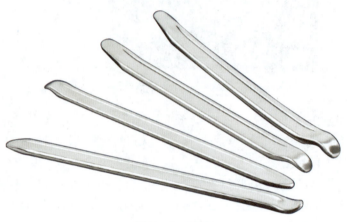

图 7-15 撬棒

3. 三轮车换压包油

电动三轮车相对二轮车多了一个后桥牙包（如图 7-16 所示，图 7-17 所示为其内部结构示意图，由牙包两边的半轴带动左右两个轮毂转动，驱动车辆行驶），也就是变速差速齿轮箱，每 12000km 需要更换电动车专用齿轮油（如图 7-18 所示，牙包上方有加油孔，下方有放油孔，牙包内的齿轮浸在齿轮油中）。

图 7-16 后桥牙包

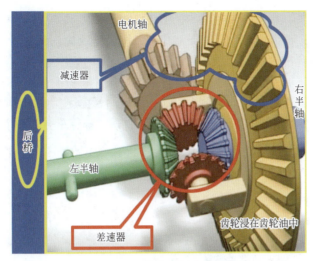

图 7-17 后桥牙包内部齿轮示意图

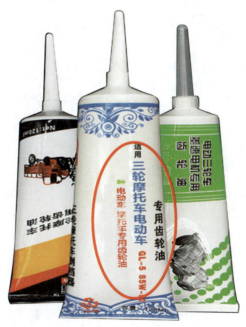

图 7-18 电动车专用齿轮油

电动三轮新车 12000km 维护时应更换齿轮油，以后每隔 24000km 维护时检查油质，如润滑油变色、变稀，则应更换新齿轮油。三轮车在寒区使用时，应在冬季换用冬季润滑油，当行驶 80000km 左右维护时，应分解主减速器及差速器总成，清洗桥壳内腔，并按规定力矩拧紧各部螺母，调整各部齿轮啮合间隙及齿面接触印迹。

若不检查油质，直接更换齿轮油，则建议每半年更换一次后桥齿轮油。更换齿轮油的方法如下：将后桥放油孔和加油孔螺钉用套筒或梅花扳手拧下，把原有的油放掉，长时间磨合油有一定杂质，待数分钟，油不再流出时将放油孔用扳手拧紧，加入新的齿轮油，加完后把加油孔螺钉拧紧即可。注意更换齿轮油不能过多，以免进入刹车系统内，若出现差速器漏油，则一般为油封损坏，更换油封即可。

电动三轮车的齿轮油一般用的都是 GL-4 的，三轮货车一般采用 GL-5，加油量一般为 150mL 左右。

附录一

电动自行车主要芯片技术资料

（一）A8901

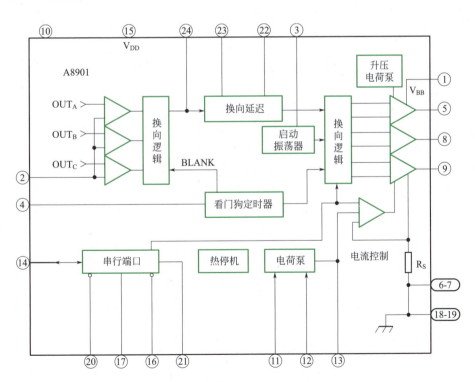

附图 1-1

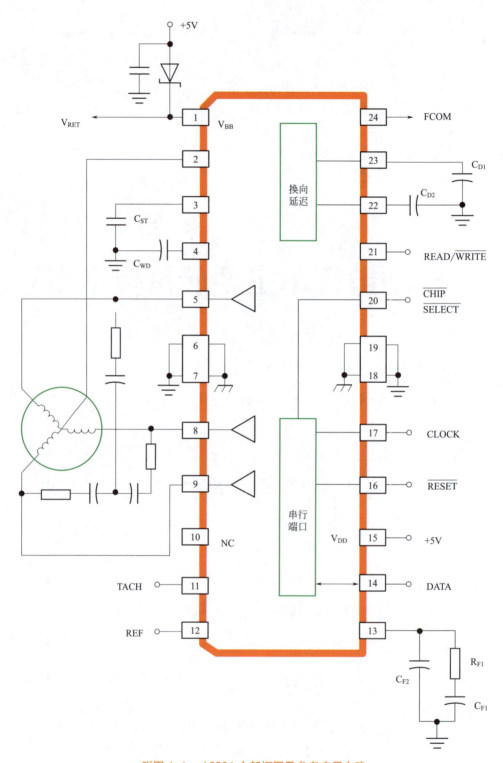

附图 1-1　A8901 内部框图及参考应用电路

（二）CP1205

脚号	引脚符号	引脚功能	备注
1	BT	顶部驱动输出	
2	AT	顶部驱动输出	
3	FWD/REV	前进/后退	
4	SA	传感器输入	
5	SB	传感器输入	
6	SC	传感器输入	
7	ENABLE	输出使能	
8	REF	基准输出	
9	V SENSE	电压感应正相输入	
10	OSC	振荡器	CP1205是无刷直流电动机控制电路，它包含实现开环、三相或四相电动机控制所需的全部功能。此电路包括转子位置检测器、温度补偿基准、锯齿波振荡器、三个集电极开路的高速驱动器和三个高电流的图腾柱低速驱动器，适用于驱动功率MOSFET管。CP1205可以完全替代MC33035，用于电动自行车等直流无刷电动机控制的集成电路，其典型应用电路如附图1-2所示
11	VIR+	误差放大器正相输入	
12	VIR-	误差放大器反相输入	
13	OUT	误差放大器输出/PWM输入	
14	FAULT	故障输出	
15	I SENSE	电流感应反相输入	
16	GND	地	
17	VCC	电源	
18	VC	底部驱动工作电压	
19	CB	底部驱动输出	
20	BB	底部驱动输出	
21	AB	底部驱动输出	
22	60°/120°	60°/120°选择	
23	BRAKE	制动	
24	CT	顶部驱动输出	

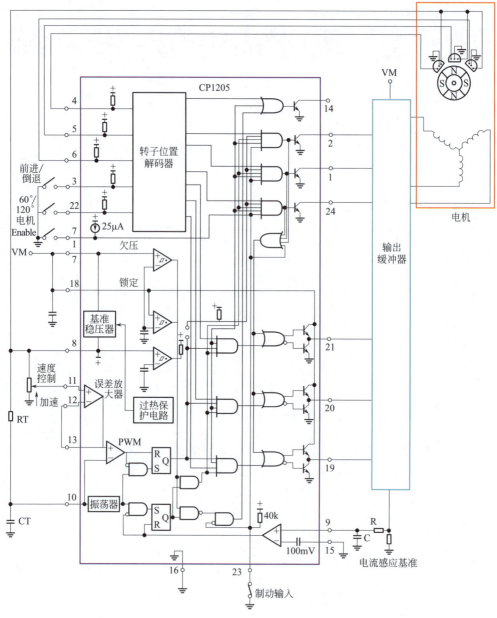

附图 1-2 CP1205 典型应用电路

(三) CY8C24533

脚号	引脚符号	引脚功能	备注
1	AIO/P0[7]	输入与输出/P0 端	该芯片为电动车控制主芯片,其应用框图如附图 1-3 所示
2	IO/P0[5]	输入与输出/P0 端	

续表

脚号	引脚符号	引脚功能	备注
3	AIO/P0[3]	输入与输出 /P0 端	
4	AIO/P0[1]	输入与输出 /P0 端	
5	IO/P2[7]	输入与输出 /P2 端	
6	IO/P2[5]	输入与输出 /P2 端	
7	AIO/P2[3]	输入与输出 /P2 端	
8	AIO/P2[1]	输入与输出 /P2 端	
9	AVref/IO/P3[0]	ADC 参数电压 / 输入与输出 /P3 端	
10	I²C SCL/IO/P1[7]	I²C 时钟 / 输入与输出 /P1 端	
11	I²C SDA/IO/P1[5]	I²C 数据 / 输入与输出 /P1 端	
12	IO/P1[3]	输入与输出 /P1 端	
13	I²C SCL/ISSP SCL/ XTALin/IO/P1[1]	I²C 时钟 /I²C 串行时钟 / 晶振输入 / 输入与输出 /P1 端	
14	V_{ss}	地	该芯片为电动车控制主芯片，其应用框图如附图 1-3 所示
15	I²C SD/SDA ISSP/ XTALout/IO/P1[0]	I²C 数据线 /I²C 串行数据线 / 晶振输出 / 输入与输出 /P1 端	
16	IO/P1[2]	输入与输出 /P1 端	
17	EXTCLK/IO/P1[4]	外部时钟 / 输入与输出 /P1 端	
18	IO/P1[6]	输入与输出 /P1 端	
19	IO/P3[7]	输入与输出 /P3 端	
20	AIO/P2[0]	输入与输出 /P2 端	
21	AIO/P2[2]	输入与输出 /P2 端	
22	IO/P2[4]	输入与输出 /P2 端	
23	IO/P2[6]	输入与输出 /P2 端	
24	ADC IP/AIO/P0[0]	模数转换器 IP/ 输入与输出 /P0 端	
25	ADC IP/AIO/P0[2]	模数转换器 IP/ 输入与输出 /P0 端	
26	ADC IP/AIO/P0[4]	模数转换器 IP/ 输入与输出 /P0 端	
27	ADC IP/AIO/P0[6]	模数转换器 IP/ 输入与输出 /P0 端	
28	V_{DD}	电源	

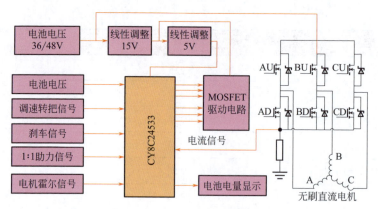

附图 1-3　CY8C24533 应用框图

(四) LB11820

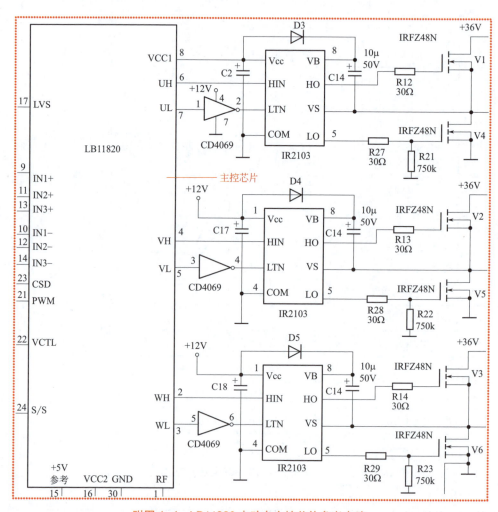

附图 1-4　LB11820 电动车主控芯片参考电路

（五）LM339

脚号	引脚符号	引脚功能	备注
1	OUTPUT 2	输出 2	
2	OUTPUT 1	输出 1	
3	V_{CC}	电源	
4	－INPUT 1	反相输入 1	
5	＋INPUT 1	同相输入 2	
6	－INPUT 2	反相输入 2	
7	＋INPUT 2	同相输入 2	LM339 为四路差分比较器，组成的电动车无刷控制器应用电路如附图 1-5 所示
8	－INPUT 3	反相输入 3	
9	＋INPUT 3	同相输入 3	
10	－INPUT 4	反相输入 4	
11	＋INPUT 4	同相输入 4	
12	GND	地	
13	OUTPUT 4	输出 4	
14	OUTPUT 3	输出 3	

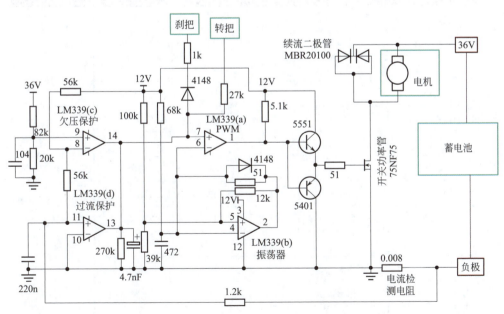

附图 1-5　LM339 组成的电动车无刷控制器应用电路

（六）LM358

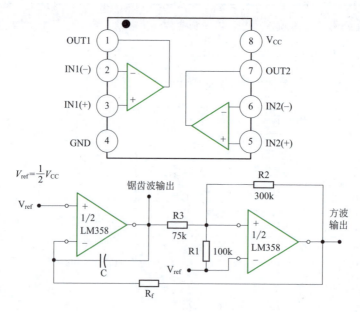

附图 1-6　LM358 双运算放大器引脚定义

（七）LM393/LM324

脚号	引脚符号	引脚功能	脚号	引脚符号	引脚功能	备注
LM393						
1	OUT A	输出 A	5	IN B+	同相输入 B	
2	IN A-	反相输入 A	6	IN B-	反相输入 B	
3	IN A+	同相输入 A	7	OUT B	输出 B	
4	GND	地	8	V_{CC}	电源电压	
LM324						LM393 为双电压比较器，LM324 为四运算放大器，应用在电动车充电器上，如附图 1-7 所示
1	1OUT	输出 1	8	3OUT	输出 3	
2	1IN-	反相输入 1	9	3IN-	反相输入 3	
3	1IN+	正相输入 1	10	3IN+	正相输入 3	
4	V_{CC}	电源	11	GND	地	
5	2IN+	正相输入 2	12	4IN+	正相输入 4	
6	2IN-	反相输入 2	13	4IN-	反相输入 4	
7	2OUT	输出 2	14	4OUT	输出 4	

附图1-7　LM393、LM324应用在充电器上实物图

（八）MC3305

脚号	引脚代码	引脚功能	备注
1	B_T	MOSFET 栅极控制端	
2	A_T	MOSFET 栅极控制端	
3	FWD/REV	电动机正/反转选择（高电平正转、低电平反转）	
4	SA	直流无刷电动机霍尔位置信号输入	
5	SB	直流无刷电动机霍尔位置信号输入	
6	SC	直流无刷电动机霍尔位置信号输入	MC33035 为无刷直流电动机控制专用 IC，外接功率开关器件和电子测速器 MC33039（如附图 1-8 ～附图 1-10 所示），可构成闭环调速系统来控制三相（全波或半波）、两相或四相无刷直流电动机。它通过下侧半桥输出 PWM 对电动机进行调速
7	ENA OUT	使能控制输出	
8	REFERENCE OUT	基准电压输出	
9	Current Sense	电流检测输入（同相输入）	
10	Oscillator	振荡器输入端	
11	Error Amp Noninverting Input	误差放大器同相输入	
12	Error Amp Inverting Input	误差放大器反相输入	
13	Error Amp Out/PWM Input	误差放大器输出/PWM 输入	
14	Fault Out	故障信号输出	
15	Current Sense Inverting Input	电流检测输入（反相输入）	
16	GND	地	

续表

脚号	引脚代码	引脚功能	备注
17	V_{CC}	电源（10～30V）	MC33035为无刷直流电动机控制专用IC，外接功率开关器件和电子测速器MC33039（如附图1-8～附图1-10所示），可构成闭环调速系统来控制三相（全波或半波）、两相或四相无刷直流电动机。它通过下侧半桥输出PWM对电动机进行调速
18	V_C	电压设置（给下桥驱动输出提供电源）	
19	C_B	下桥三端驱动输出	
20	B_B	下桥三端驱动输出	
21	A_B	下桥三端驱动输出	
22	60°/$\overline{120°}$Select	60°/120°转换（高电平选择传感器相位差60°，低电平选择传感器相位差120°）	
23	Brake	制动控制端（高电平使电动机正常运行，低电平使电动机制动减速）	
24	C_T	MOSFET栅极控制端	

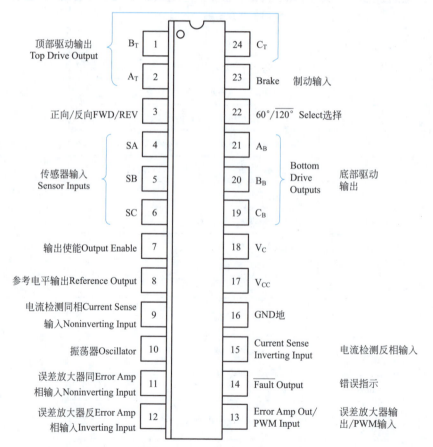

附图1-8　MC33035引脚功能

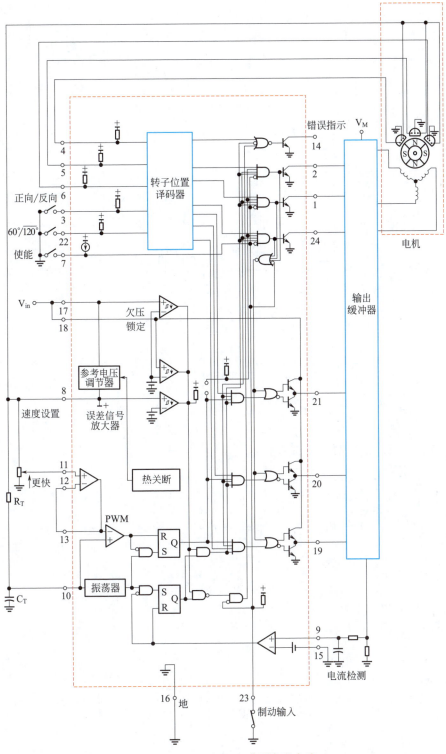

附图 1-9 MC33035 典型参考电路

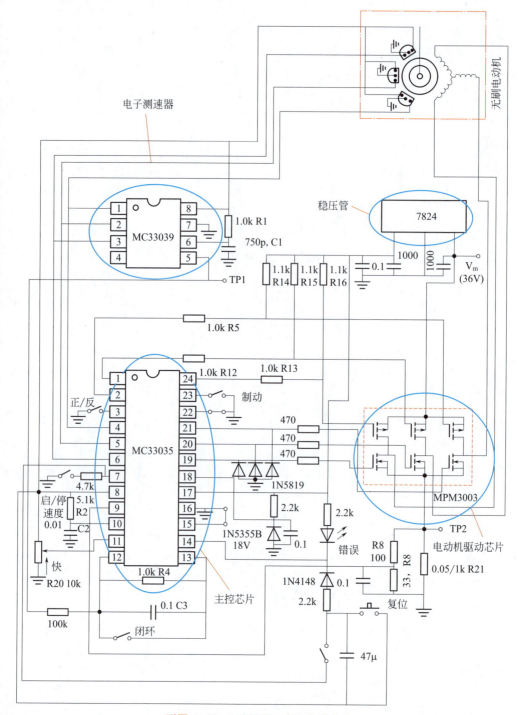

附图1-10 MC33035实际应用电路

（九）NV065D

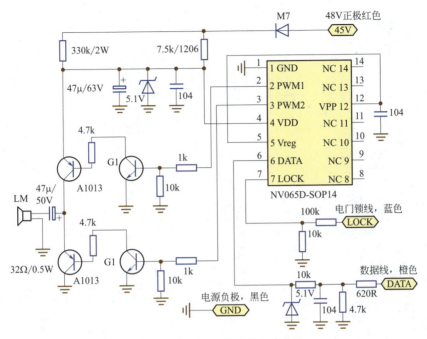

附图 1-11　NV065D 应用电路

（十）PIC16F72

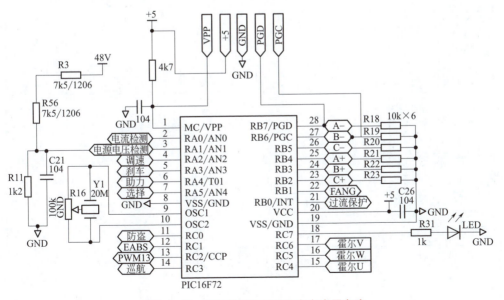

附图 1-12　控制器 PIC16F72 参考应用电路

(十一) R8C/11

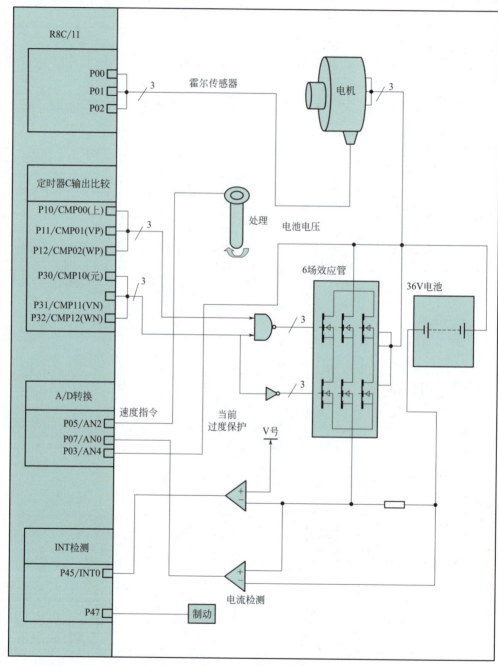

附图 1-13　瑞萨 R8C/11 主控芯片组成的电动车控制器硬件配置

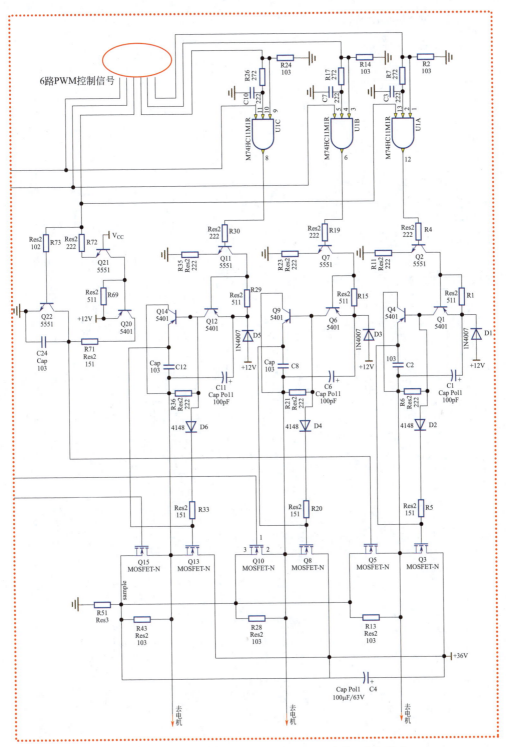

附图 1-14 瑞萨 R8C/11 主控芯片电动机驱动单元参考电路

（十二）SG3525A

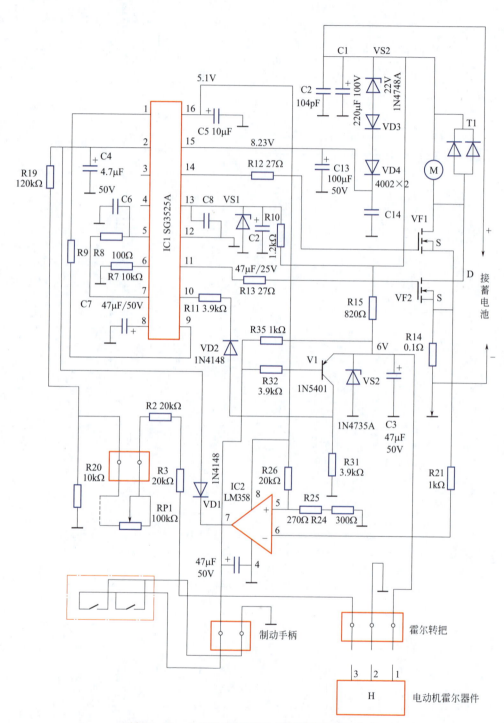

附图 1-15　主芯片 SG3525A 控制器参考应用电路

（十三）SIC1221

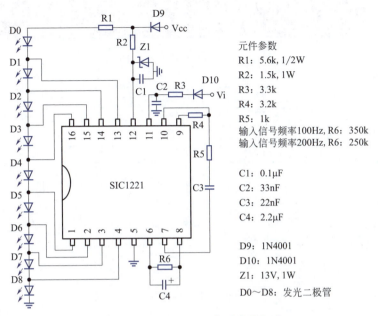

附图1-16　SIC1221典型应用电路

（十四）ST926401Y

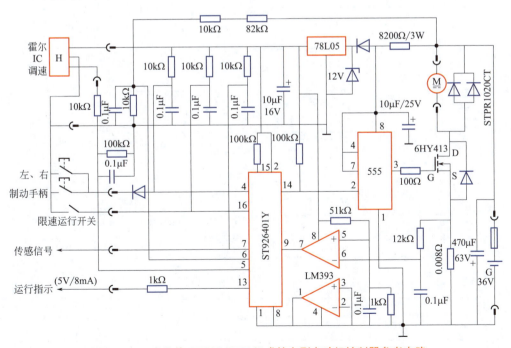

附图1-17　主芯片ST926401Y组成的有刷电动机控制器参考电路

（十五）TL494

脚号	引脚代码	引脚功能	备注
1	IN+	误差放大器同相输入	
2	IN-	误差放大器反相输入	
3	FEEDBACK	反馈/PWM比较器输入	
4	DTC	死区时间控制比较器输入	
5	CT	振荡器定时电容接入	
6	RT	振荡器定时电阻接入	
7	GND	地	TL494为开关电源脉宽调制/控制/驱动，它包含了开关电源控制所需的全部功能，其应用电路如附图1-18所示
8	C1	内部晶体管集电极	
9	E1	内部晶体管发射极	
10	E2	内部晶体管发射极	
11	C2	内部晶体管集电极	
12	V_{CC}	电源	
13	OUTPUT CTRL	输出工作模式控制端	
14	REF	基准输出	
15	IN-	误差放大器反相输入	
16	IN+	误差放大器同相输入	

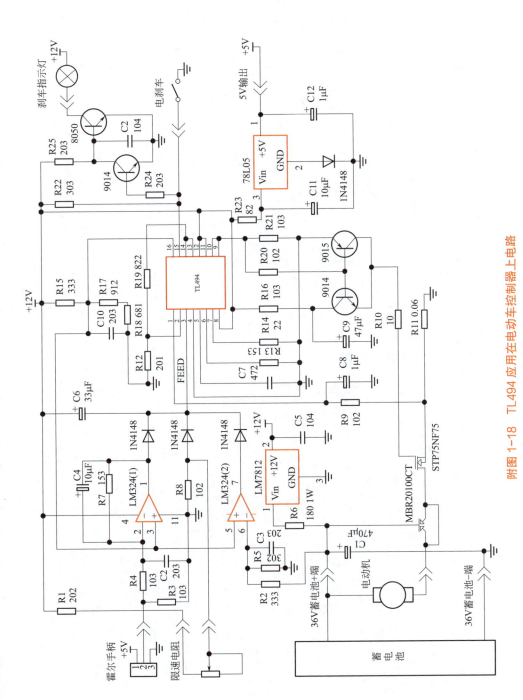

附图1-18 TL494应用在电动车控制器上电路

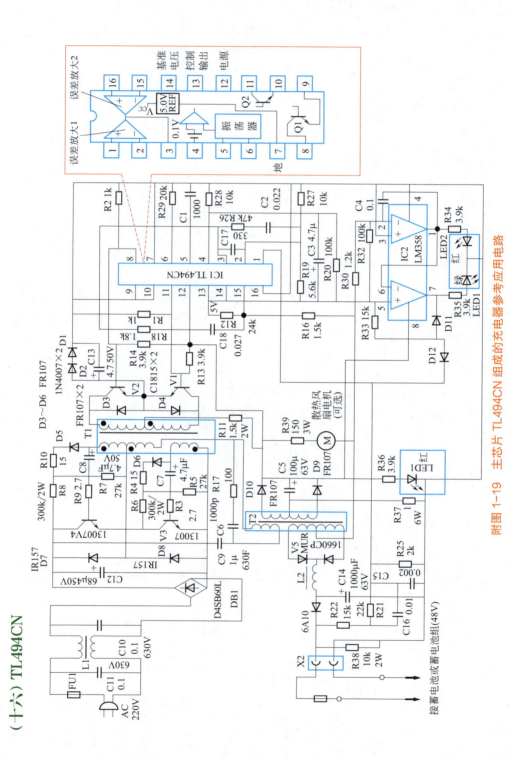

附图 1-19 主芯片 TL494CN 组成的充电器参考应用电路

（十七）UC3842

脚号	引脚符号	引脚功能	备注
1	COMP	内部误差放大器输出	UC3842 是一种高性能固定频率电流型控制器，包含误差放大器、PWM 比较器、PWM 锁存器、振荡器、内部基准电源和欠压锁定等单元，如附图 1-20、附图 1-21 所示为应用在雅迪电动车充电器上实物图与内部框图
2	FEEDBACK	反馈电压输入	
3	ISENSE	电流传感	
4	RT/CT	定时端（锯齿波振荡器外接定时电容 C 和定时电阻 R 的公共端）	
5	GND	地	
6	OUT	输出端	
7	V_{CC}	电源	
8	VREF	基准电压输出	

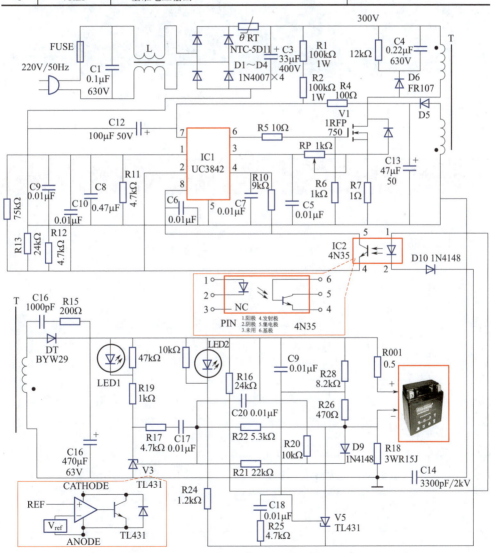

附图 1-20　主芯片 UC3842 组成的通用控制器参考应用电路

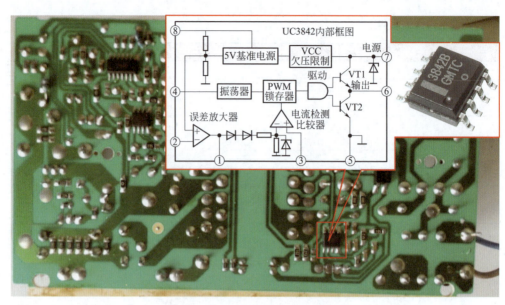

附图 1-21 UC3842 实物应用电路

(十八) UC3844A

脚号	引脚符号	引脚功能	备注
1	COMP	补偿 (误差放大器输出,并可用于环路补偿)	UC3844A 为电动车开关电源管理芯片,应用在电动车充电器上 (如附图 1-22 所示)
2	VFB	电压反馈 (误差放大器反相输入,通常通过一个电阻分压器连接至开关电源输出)	
3	ISENSE	电流取样	
4	RT/CT	连接电阻与电容 (通过将电阻 RT 连接至 VREF 以及电容 CT 连接至地,使振荡器频率和最大输出占空比可调)	
5	GND	地	
6	OUTPUT	输出	
7	VI	控制集成电路的正电源	
8	VREF	参考输出	

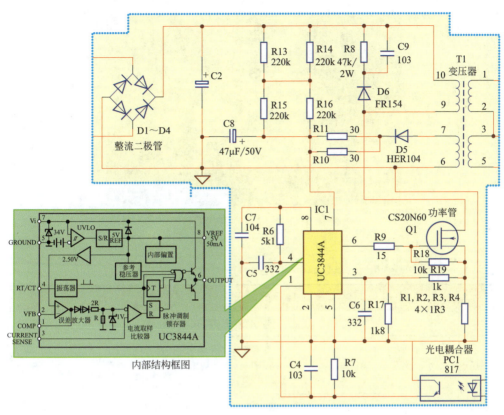

附图 1-22　UC3844A 应用电路

（十九）UC3845

脚号	引脚符号	引脚功能	备注
1	COMP	补偿	
2	VFB	电压反馈	
3	ISENSE	电流取样	UC3845 是高性能固定频率电流模式控制器，专为离线和直流转换器应用而设计，附图 1-23 所示为应用在立马电动车转换器上实物
4	RT/CT	RT/CT 端（振荡器的外接电容 C 和外接电阻 R 的公共端）	
5	GND	地	
6	OUTPUT	输出	
7	VI	电源	
8	VREF	参考输出	

附图1-23 UC3845应用实物图

(二十) XC846

脚号	引脚符号	引脚功能	备注
1	MBC	监控器/引导程序加载器控制	XC846为8位微控制器，应用在电动车无刷控制器上作为主控芯片，如附图1-24、附图1-25所示
2	P0.3/SCLK_1/COUT63_1	端口0（6位通用双向I/O口）/SSC时钟输入与输出/捕获、比较通道3输出	
3	P0.4/MTSR_1/CC62_1	端口0（6位通用双向I/O口）/SSC主机发送输出/从机接收输入/捕获、比较通道2输入与输出	
4	P0.5/MRST_1/EXINT0_0/COUT62_1	端口0（6位通用双向I/O口）/SSC主机接收输入、从机发送输出/外部中断输入0/捕获、比较通道2输出	
5	XTAL2	片外OSC输出	
6	XTAL1	片外OSC输入	
7	CSSC	内核地	
8	VDDC	内核电源监控（2.5V）	
9	P1.6/CCPOS1_1/T12HR_0/EXINT6	端口1（5位通用双向I/O口）/CCU6霍尔输入1/CCU6定时器T12硬件运行输入/外部中断输入6	
10	P1.7/CCPOS2_1/T13HR_0	端口1（5位通用双向I/O口）/CCU6霍尔输入2/CCU6定时器T13硬件运行输入	
11	TMS	测试模式选择	

续表

脚号	引脚符号	引脚功能	备注
12	P0.0/TCK_0/CLKOUT/CC61_1	端口 0（6 位通用双向 I/O 口）/JTAG 时钟输入 / 时钟输出 / 捕获、比较器通道 1 输入与输出	
13	P0.2/TDO_0/TXD_1	端口 0（6 位通用双向 I/O 口）/JTAG 串行数据输出 /UART 发送数据输出 / 时钟输出	
14	P0.1/TDI_0/RXD_1/COUT61_1	端口 0（6 位通用双向 I/O 口）/UART 接收数据输入 /UART 接收数据输入 / 捕获、比较器通道 1 输出	
15	P2.0/CCPOS0_0/EXINT1/AN0	端口 2（8 位通用单向输入口）/CCU6 霍尔输入 0/ 外部中断输入 1/ 模拟输入 0	
16	P2.1/CCPOS1_0/EXINT2/AN1	端口 2（8 位通用单向输入口）/CCU6 霍尔输入 1/ 外部中断输入 2/ 模拟输入 1	XC846 为 8 位微控制器，应用在电动车无刷控制器上作为主控芯片，如附图 1-24、附图 1-25 所示
17	P2.2/CCPOS2_0/AN2	端口 2（8 位通用单向输入口）/CCU6 霍尔输入 2/ 模拟输入 2	
18	VDDP	I/O 口电源（3.3/5.0V）	
19	VSSP	I/O 口地	
20	P2.3/AN3	端口 2（8 位通用单向输入口）/ 模拟输入 3	
21	P2.4/AN4	端口 2（8 位通用单向输入口）/ 模拟输入 4	
22	P2.5	端口 2（8 位通用单向输入口）	
23	P2.6/AN6	端口 2（8 位通用单向输入口）/ 模拟输入 6	
24	VAGND	ADC 参考地	
25	VAREF	ADC 参考电压	
26	P2.7/AN7	端口 2（8 位通用单向输入口）/ 模拟输入 7	

续表

脚号	引脚符号	引脚功能	备注
27	P1.0/RXD_0/T2EX	端口1（5位通用双向I/O口）/UART接收数据输入/定时器T2外部触发输入	
28	P1.1/EXINT3/TDO_1/TXD_6	端口1（5位通用双向I/O口）/外部中断输入3/JTAG串行数据输出/UART发送数据输出、时钟输出	
29	P1.5/CCPOS0_1/EXINT5	端口1（5位通用双向I/O口）/CCU6霍尔输入0/外部中断输入5	
30	P3.6/CTRAP_0/RSTOUT	端口3（通用双向I/O口）/CCU6强制中断输入/复位输出	
31	P3.7/EXINT4/COUT63_0	端口3（通用双向I/O口）/外部中断输入4/捕获、比较通道3输出	XC846为8位微控制器，应用在电动车无刷控制器上作为主控芯片，如附图1-24、附图1-25所示
32	P3.0/CC60_0	端口3（通用双向I/O口）/捕获、比较通道0输入与输出	
33	P3.1/COUT60_0	端口3（通用双向I/O口）/捕获、比较通道0输出	
34	P3.2/CC61_0	端口3（通用双向I/O口）/捕获、比较通道1输入与输出	
35	P3.3/COUT61_0	端口3（通用双向I/O口）/捕获、比较通道1输出	
36	P3.4/CC62_0	端口3（通用双向I/O口）/捕获、比较通道2输入与输出	
37	P3.5/COUT62_0	端口3（通用双向I/O口）/捕获、比较通道2输出	
38	RESET	复位输入	

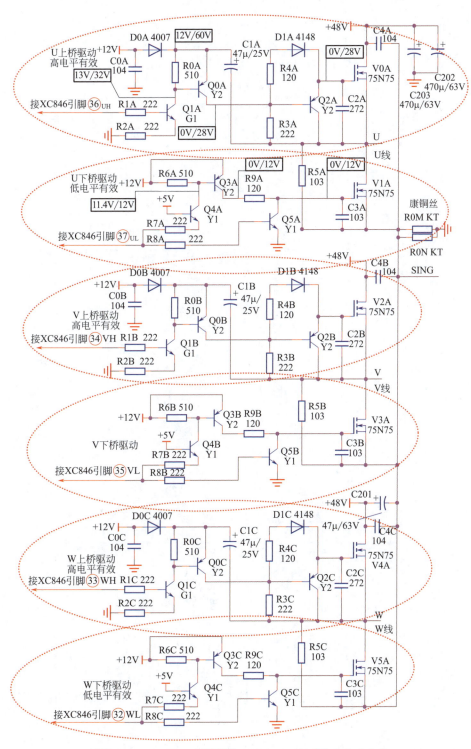

附图 1-24　XC846 主控芯片 6 路 PWM 驱动输出参考电路

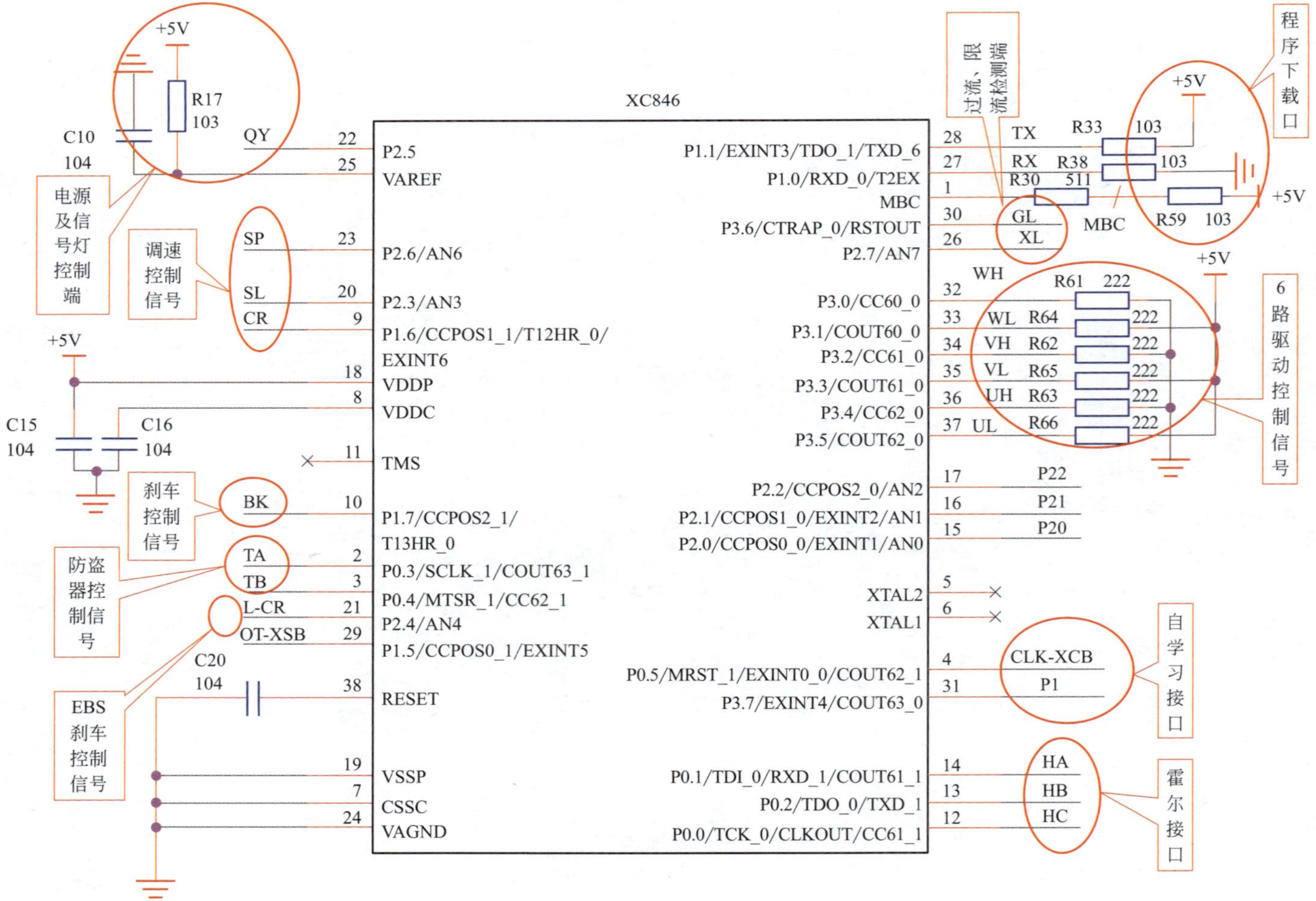

附图1-25 XC846主控芯片应用在无刷控制器上

（二十一）μPD79F9211

脚号	引脚符号	引脚功能	备注
1	P41/TOOL1	端口 4/ 工具时钟输出	
2	P40/TOOL0	端口 4/ 工具数据输入与输出	
3	RESET	复位信号	
4	P124/XT2	端口 12/ 晶体振荡器（副系统时钟）	
5	P123/XT1	端口 12/ 晶体振荡器（副系统时钟）	
6	FLMD0	Flash 编程模式	
7	P122/X2/EXCLK	端口 12/ 晶体振荡器（主系统时钟）/ 外部时钟输入（主系统时钟）	
8	P121/X1	端口 12/ 晶体振荡器（主系统时钟）	
9	REGC	稳压器电容	μPD79F9211 主控芯片为 16 位单片机，应用在电动车无刷直流电动机控制器上，其应用实物如附图 1-26 ～附图 1-28 所示（以应用在新日电动车控制器上为例）
10	VSS	地	
11	VDD	电源	
12	P30/SO10/TXD1/TO11	端口 3/ 串行数据输出 / 发送数据 / 定时器输出	
13	P31/SI10/RXD1/SDA10/INTP1/TI09	端口 3/ 串行数据输入 / 接收数据 / 串行数据输入 / 输出 / 外部中断输入 / 定时器输入	
14	P32/SCK10/SCL10/INTP2	端口 3/ 串行时钟输入与输出 / 串行时钟输入与输出 / 外部中断输入	
15	P75/SCK00/TI11	端口 7/ 串行时钟输入与输出 / 定时器输入	
16	P74/SI00/RXD0/TI10	端口 7/ 串行数据输入 / 接收数据 / 定时器输入	
17	P73/SO00/TXD0/TO10	端口 7/ 串行数据输出 / 发送数据 / 定时器输出	
18	P72/SCK01/INTP6	端口 7/ 串行时钟输入与输出 / 外部中断输入	
19	P71/SI01/INTP5	端口 7/ 串行数据输入 / 外部中断输入	

续表

脚号	引脚符号	引脚功能	备注
20	P70/SO01/INTP4	端口 7/ 串行数据输出 / 外部中断输入	
21	P52/SLTI/SLTO	端口 5/ 可选定时器输入 / 可选定时器输出	
22	P51/TI07/TO07	端口 5/ 定时器输入 / 定时器输出	
23	P50/TI06/TO06	端口 5/ 定时器输入 / 定时器输出	
24	P13/TI05/TO05	端口 1/ 定时器输入 / 定时器输出	
25	P12/TI04/TO04	端口 1/ 定时器输入 / 定时器输出	
26	P11/TI03/TO03	端口 1/ 定时器输入 / 定时器输出	
27	P10/TI02/TO02	端口 1/ 定时器输入 / 定时器输出	
28	P83/CMP1M	端口 8/ 比较器输入（负）	
29	P82/CMP1P/TMOFF1/INTP7	端口 8/ 比较器输入（正）/ 定时器关闭输入 / 外部中断输入	
30	P81/CMP0M	端口 8/ 比较器输入（负）	μPD79F9211 主控芯片为 16 位单片机，应用在电动车无刷直流电动机控制器上，其应用实物如附图 1-26 ～ 附图 1-28 所示（以应用在新日电动车控制器上为例）
31	P80/CMP0P/TMOFF0/INTP3/PGAI	端口 8/ 比较器输入（正）/ 定时器关闭输入 / 外部中断输入 / 可编程增益放大器输入	
32	AVREF	模拟参考电压	
33	AVSS	模拟接地	
34	P151/ANI9	端口 15/ 模拟输入	
35	P150/ANI8	端口 15/ 模拟输入	
36	P27/ANI7	端口 2/ 模拟输入	
37	P26/ANI6	端口 2/ 模拟输入	
38	P25/ANI5	端口 2/ 模拟输入	
39	P24/ANI4	端口 2/ 模拟输入	
40	P23/ANI3	端口 2/ 模拟输入	
41	P22/ANI2	端口 2/ 模拟输入	
42	P21/ANI1	端口 2/ 模拟输入	
43	P20/ANI0	端口 2/ 模拟输入	
44	P120/INTP0/EXLVI	端口 12/ 外部中断输入 / 外部电势输入（用于低电压检测器）	

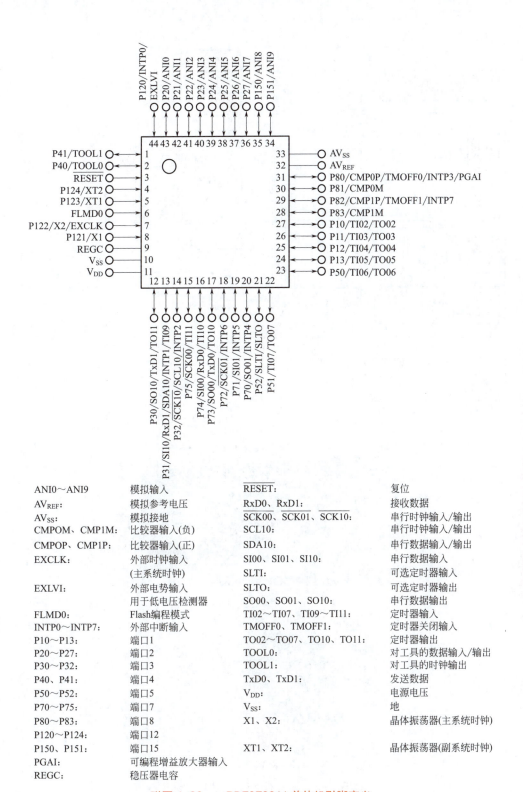

附图 1-26 μPD79F9211 单片机引脚定义

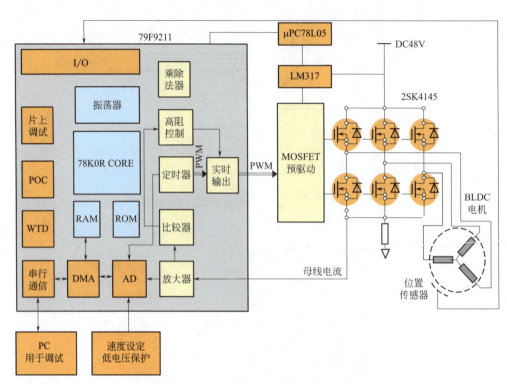

附图 1-27　μPD79F9211 内部框图

附图 1-28　μPD79F9211 应用实物图